高中遇上青春期

班主任写给家长的成长寄语

赵 震 ———— 著

中国铁道出版社有限公司

CHINA RAILWAY PUBLISHING HOUSE CO., LTD.

图书在版编目（CIP）数据

高中遇上青春期：班主任写给家长的成长寄语 / 赵震著 .—北京：
中国铁道出版社有限公司，2023.5
ISBN 978-7-113-29995-8

Ⅰ.①高… Ⅱ.①赵… Ⅲ.①青春期 - 家庭教育 Ⅳ.① G782

中国国家版本馆 CIP 数据核字（2023）第 035043 号

书　　名：**高中遇上青春期——班主任写给家长的成长寄语**
　　　　　GAOZHONG YUSHANG QINGCHUNQI：BANZHUREN XIE GEI JIAZHANG DE CHENGZHANG JIYU
作　　者：赵　震

策　　划：叶凯娜
责任编辑：孟智纯
封面设计：闰江文化
责任校对：安海燕
责任印制：赵星辰

出版发行：中国铁道出版社有限公司（100054，北京市西城区右安门西街 8 号）
印　　刷：番茄云印刷（沧州）有限公司
版　　次：2023 年 5 月第 1 版　2023 年 5 月第 1 次印刷
开　　本：710 mm×1 000 mm 1/16　印张：12　字数：200 千
书　　号：ISBN 978-7-113-29995-8
定　　价：55.00 元

也许你并不了解自己的孩子

一直觉得，我和我的学生之间没有什么所谓的"年龄差"。尽管年龄上相差了两个十年，但他们喜欢的动漫、歌曲、游戏，我也都有所涉猎，他们看的书我也都在看，以没收的名义，不过期末后都会还给他们的。

直到一次微信上的聊天，我给学生发了个笑脸，就是眼睛有留白的那个笑脸，她便问我："是不是您那个年代的人都喜欢用这个笑脸啊?"我心里咯噔一下："那个年代，哎，果然。但这个笑脸有什么不妥吗?"她告诉我，她们聊天从不用这个笑脸，这哪里是笑脸啊? 翻着眼白，多难看，怎么看都是鄙视、冷漠的感觉。

我一查，还真是。不禁感叹，自以为了解学生，自以为没有代沟，其实还是有，还是不了解。由此我想到，那我是否真的了解我自己的孩子呢? 像我一样的其他父母们，是否也真的了解自己孩子呢? 初高中正值青春期，高中正值后青春期，孩子心理上的变化尤其大，而心理是人最为隐秘的角落，是最难了解的地方，我们是否关注、理解孩子的青春期心理呢?

我在班上做了个小调查，你觉得父母做得很好的地方是哪里? 你特别希望他们改变的地方又是哪里? 得到了如下反馈。

觉得父母做得好的行为:

努力工作给我更好的生活；我随口说的一句话，父母会记在心里；我很累的时候会带我出去走走；理解我，知道我交男朋友了也只是笑着说"女儿要被骗走了，别影响成绩就行"；一个人在外地读书压力很大，父母会坐 5 个小时的车来看我；不干涉我与朋友的交往。

觉得他们需要改变的地方:

不要只是关注我的成绩；有时间多陪陪我；不相信我说的话，不接受我说的或带来的新鲜事物，更愿意相信别人说的；总觉得我还小，什么都不懂；价值观不同；可以多支持一下我的兴趣，而不是只有学习；手机管控太严，觉得我拿着手机就只会玩；脾气急躁，说着说着就直接命令我了；每次吵架就翻旧账，拿我和别人比较；只把成绩当唯一；我不会乱花钱，但他们总唠叨我读书花了多少钱，虽然我也知道他们不容易，但会产生自卑感；不能说到做到……

我相信大部分家长都不会意识到，孩子认为自己需要改变的地方竟然有这么多，或者根本就没有觉得自己的行为有问题，甚至亲子关系已经很紧张了，却还浑然不知。

现在做父母，与从前做父母大不相同了。全国两会上，曾有政协委员提议"父母持证上岗"，该委员认为家庭教育应走在学校教育的前面，建议对"准父母"开展岗前培训，让"准父母"提前做好思想准备和知识准备，这一提议得到了无数网友的支持。因为"父母"二字不仅是个称呼，更是一份伟大的职业，对孩子意义重大。不合格的父母，会影响孩子的一生。

我作为一名语文老师，也很喜欢心理学，在学校心理咨询室兼职咨询。几年间，接触到了许多真实的、有价值的案例。在这本书里，我将它们写出来，希望可以帮助家长朋友们更加了解处于青春期或后青春期的孩子，帮助家长们走进孩子的心里，建立起更加良好的亲子关系。

书中所使用的案例全部得到了当事人的同意，但所用名字均为化名。

如果读了这本书，您和孩子的关系产生了积极的变化，那就是我最开心的事。

目　　录

第一章
陪孩子迎接变化
——性格与心理

一、青春期的典型改变：从单纯到矛盾

夏佳怡的妈妈发觉越来越不懂自己的孩子了。几周前她想在淘宝上为女儿买一件黑色的外套，但夏佳怡一口拒绝，说自己根本就不喜欢黑色。可几周后，她发现夏佳怡最喜欢的穿搭便是一件纯黑色的连衣裙和一双马丁靴。

"她不是说自己不喜欢黑色吗？"夏妈妈觉得很费解。

在高中，夏佳怡也和其他孩子一样，不可避免地遇到了如何与同学相处的人际关系问题。但当妈妈想要和她交流一下，为她提供一些这方面的经验与看法时，她却不耐烦地关上了门，一个人躲在自己的房间听音乐。晚饭时，妈妈自说自话，讲了许多成人处理人际关系的经验与办法，但夏佳怡始终一声不响地闷头吃饭，妈妈觉得她根本就没听进去。然而令妈妈意外的是，在孩子的月考试卷作文中，她发现自己所说的内容被很认真地记录了下来，并且孩子认为很有用。

"她究竟是需要我的帮助还是不需要呢？"妈妈很疑惑。

没过多久，妈妈又收到一个令她惊讶的消息：夏佳怡被年级责令回家反省三天，三天后方可回校继续学习。此时正值期末，错过三天的课影响可不小，这惩罚不算轻。惩罚的原因是她公然在课堂上与班主任顶嘴，不服管教，严重扰乱了课堂秩序，造成了不良影响。这就更令妈妈不解了，平时女儿在家经常说班主任是一个既严厉又幽默的人，讲课很有吸引力，是自己喜欢、敬佩的一个老师。怎么突然间因为班主任批评了几句，就公然顶撞他呢？

"她到底是认可班主任还是讨厌班主任呢？"妈妈也不清楚了。

其实不光夏妈妈，或许就连夏佳怡自己都未必能清楚地解释自己的这一系列行为。而这，恰恰是青春期孩子的典型心理特点：**矛盾性**。

这种矛盾具体体现为如下几个方面。

1. 独立性与依赖性的矛盾

自我意识的分化发展与心理上的成熟，会让青春期的孩子产生一种成人感，具体表现为：

a. 在心理上过高地评估自己；

b. 认为自己的思想和行为属于成人水平；

c. 希望周围人给予他们像成人一样的信任与尊重。

他们渴望能够独立自主，会通过一些反抗的行为来表现自我的存在，常常处于一种与成人相抵触的情绪中。学习上、生活上，从衣饰搭配到对人对事的看法，他们都不愿接受老师、父母过多的干预和照顾。然而，由于缺乏生活经验、社会阅历不足以及经济不能独立等因素，生活中的许多问题他们又不知道如何解决。生活中的问题不是数理化习题，不能依靠公式和方程，更多的是靠人生阅历中收获的智慧来解决。十六七岁的孩子，阅历很少，所以他们最后又不得不依靠父母。

这一矛盾使得青春期的孩子多少都有一些"傲娇"，和自己、和父母较劲儿。

2. 开放性与封闭性的矛盾

他们希望能通过他人的评价来更好地认识自己，所以非常乐意结交朋友，渴望与同龄人，尤其是异性交流。同时也希望家长能像朋友一样，尊重自己，理解自己，自己可以敞开心扉与其交流。

但现实中，朋友们都有自己的个性，想法也未必相同，懂得青春期心理、肯耐心倾听、与孩子平等交流的父母就更少了。所以，孩子不一定能得到所期待的回应。既然无法在外部获得想要的反馈，那就只能转向内部，将心事、想法等统统诉之于日记，或者干脆就压在心底，呈现出一种封闭性。

3. 自制性与冲动性的矛盾

随着心理与思想上的日渐成熟，他们理解规则的意义，知道要自觉遵守校规校纪，履行作为学生的义务。然而在实际情况中，由于自尊心、个性、自我意识等诸多因素的影响，他们又很难很好地控制自己的行为。当理智与感情发生冲突时，往往会感情用事。就比如在面对老师的批评时，即使心中知道老师批评得对，但如果这损害了自己的面子，也会克制不住地与老师顶撞起来，事过之后又会觉得很后悔。夏佳怡对老师的顶撞就属于此类情况。

妈妈带夏佳怡回到学校，带着她去和班主任交流情况。此时正值大课间，办公室中学生不少，班主任大声陈述着夏佳怡这一段时间以来的个人情况，尤其是月考成绩下滑和课堂顶撞老师这两件事。其他同学纷纷转过头看向这里，这令夏佳怡感到羞愧与难堪。她低头看着自己的脚，一言不发，任由班主任一个人滔滔不绝。显然，他没有顾忌到夏佳怡的自尊心问题，她肯定不想这两件事被更多人知道。

交流结束后，妈妈一边说着让老师费心了，一边拉着女儿离开。而后者那默然的表情无声地说明了这并不是一次有效的交流，这只是班主任的独角戏。

📖 寄语家长

1. 交流，以尊重为前提

青春期的孩子既然已经拥有了成人感，渴望像成人一样被对待，那我们就将他们视作成人来交流——不刻意强调父母的权威，不以命令式的语气口吻对话。

比如，把"你不准出去玩！"换成"这个时候出去玩，需要一个合适的理由，能说说看吗？"先不否定可以出去玩的可能性，不与之正面冲突，但要求给出正当理由。然后针对孩子给出的理由，心平气和地与其探讨、分析，予以肯定或否定，最后得出结论。对于合理的结论，孩子是有判断力的，即使这个结论是不能出去玩。孩子在这个过程中感受到了被平等对待和被尊重的感觉，就不会再刻意去反抗。

很多时候，孩子拒绝家长的理由其实并不是对事件本身的不认可，而是讨厌家长那种高高在上的、命令式的说话态度。

2. 帮助，以委婉的方式

独立又依赖的心理特点决定了他们既需要家长的帮助，又不愿直接去寻求帮助。作为家长，此时就最好能以一种间接的、含蓄的方式来提供帮助，既照顾了孩子的独立性，又能帮助孩子解决问题。

我有一个同事，他的孩子是个男孩，青春期生理、心理上的双重变化让孩子不知所措，却又不肯告诉父母。他看在眼里，去书店仔细挑选了一本讲解青春期生理问题的书，然后趁孩子不在房间的时候，将书放在他电脑的旁边，以这样一种方式把书给了孩子。孩子发现后，偷偷地看了起来。

后来，他又趁一次散步的机会，聊起孩子爱看的《动物世界》，讲动物们的求偶、生育，然后过渡到人，告诉他在青春期时产生对异性的好奇、梦中有一些幻想，乃至遗精，都是十分正常的生理现象，不需要为此产生强烈的内疚感和负罪感。孩子也打开了心扉，告诉他自己之前甚至认真地考虑过用自残来惩罚自己，因为他没办法接受这样一个"下流"的自己。现在不会了，压抑的感觉一扫而空。

由此可见，家长及时的干预有多么重要，干预的方法有多重要。如果这个同事强制要求孩子听自己讲道理，那结果多半会不好。

青春期的孩子大多不喜欢与父母进行面对面的正式交流，公事公办的感觉会很尴尬。家长们要学会在日常生活中寻找机会，借题发挥，这样交流就会比较自然，乐于被孩子接受。比如利用一起看电视、散步的时候……自然地引起话题，过渡到主题。

3. 放手，以原则为底线

"放手？就是让我不管不问吗？"

"什么都不管了，这哪是教育孩子，分明就是为自己偷懒找一个冠冕堂皇的借口！"

"我是她妈，我不管她谁管她！"

如果父母还是怀有这样的观念，那青春期多半是剑拔弩张的。

这个时候，孩子的自我意识已经开始形成，就像刚学会骑车一定喜欢四处骑行一样，孩子刚建立起自我意识，一定是渴望独立、寻求自我空间的。那么我们家长就要满足这一需求，适当放手，注意放手前是有修饰语的——适当。

什么是适当放手？就是先和孩子一起制定一些基本原则，在不触犯原则的前提下，给孩子自由，不去干涉。

不能无节制地玩游戏，每天可以拥有两个小时的游戏时间。

友直、友谅、友多闻，可以交朋友，但不能结交不良的朋友。

穿着要符合当下的身份。

…………

原则之内，必须遵守；原则之外，给你自由。

所以我们在孩子游戏的时间里，就绝不去打扰，更不唠叨学习、作业等话题。甚至孩子不愿意吃饭，想玩过之后再吃饭也可以。孩子自己选择的衣服，只要不违背约定好的原则，什么颜色什么款式都行。许多家长对孩子的管理巨细无遗，完全无视已经是高中生的孩子的审美，穿什么搭配什么都一手包办，并认为孩子自己选的那些都是奇装异服，不好看。其实你不知道，在他们眼中，你的审美才是"土味情话"，早过时了。

这种讲原则、互相平等的约定就是契约。这种有原则的放手方式，可以很好地让孩子提前感受到契约精神。契约精神，体现在家里就是家规，在学校就是校纪，在社会就是法律，在人际交往中就是道德伦理。通过这样的管理教育，培养他们守规矩、讲权利、尽义务的社会人意识。

需要注意的是，原则的制定宜简不宜多，要切实可行。尤其要和孩子一起制定，以共同认可为前提。不能在中途失去耐心，动用家长的权威强制规则，那样就失去了执行的基础，孩子口服心不服，就一定会想各种办法来规避原则。

那样的话，原则也就失去了意义。

二、叛逆的真相：从懵懂到自我

你认为这件衣服的花色和款式很适合作为中学生的他，但他却偏偏不喜欢；你安排他下午出去帮家里买点东西，他却说你打乱了他的安排，一个人待在房间里不肯去；你以为他去补课了，其实他约了同学一起去玩；你以为他在房间看书，其实他在刷手机；你让他穿什么他就偏不穿什么，你督促他学习他就偏不学习；他知道你爱他，可他还是专门去做那些你不让他做的事：给游戏充钱、喝酒、不写作业……

面对这些，许多家长已经意识到，孩子进入叛逆期了，随即也会松一口气："我知道，叛逆期嘛，都这样。"于是孩子的一切行为都可以用这个词语来解释，自己也无须再做些什么，等叛逆期过去，一切自然就好了。

真的仅仅是这样吗？回答是否定的。

"叛逆期"这个词很大程度上是成人贴给孩子的一个标签，因为孩子表现出越来越不听话、不好管的样子，于是就将之称为"叛逆"。为由此产生的亲子间对抗，找到了一个简单的解释。因为简单，所以掩盖了许多事实，并不能从根本上解决问题。

青春期叛逆的本质其实是孩子自我意识发展的结果。

这一点，已经为目前大部分的教育心理学、脑科学研究所认同。

自我意识的产生发展，是人和动物在心理上的根本分界线。人的自我意识发展有两个飞跃期：第一个在 1~3 岁期间，第二个就在青春期，正值初高中。这一时期的青少年开始认识自己并主动塑造自己，心理学家称之为第二次诞生，可见其重要。

所谓自我意识，用最简明的话来说，就是自己对自己的认知，它包含三个方面。

1. 生理自我

指个体对自己的性别、形体、容貌、年龄、健康状况等生理特质的意识，在 3 岁左右基本形成。

心理学家做过一个点红实验：在 14 个月大的婴儿熟睡时，用红色胭脂涂抹他的鼻尖，当他醒来看到镜子中的自己时，会无视鼻尖上的红色，因为他不知道那就是自己。但如果把实验对象换成 21 个月大的幼儿时，他们大部分人会摸摸自己的鼻尖，因为他们已经开始有了自我意识。

2. 社会自我

个体对自己社会属性的意识，在各种社会关系中的角色、地位、权利、义务是怎样的等，至青少年时期（13~14 岁）基本形成。社会自我在青少年晚期会变得非常突出。

3. 心理自我

指个体对自己智力、兴趣、气质、性格等各方面特点的认识。心理自我正是在青春期开始发展和形成的，从青春期到成年大约 10 年时间。

正是由于自我意识的形成与发展，导致他们产生了新的心理需求：

a. 更加独立。他们不再轻易接受来自大人的灌输与说教，产生了按照自己想法去判断的要求与体验，形成自己的价值观。希望父母师长能够尊重自己，与自己建立起平等的朋友式关系，自己也愿意以成人标准来要求自己。

b. 需要更加自由的选择权和更多的自我决策空间，不愿意接受他人的安排与控制。

c. 需要更多的隐私空间。

d. 自尊心被满足的需要，希望自己能获得社会的承认与周围人的赞赏，希望在集体中有适当的地位。

而这些需求，恰好与成人世界的管理教育构成矛盾，乃至冲突。如果父母不理解、不让步，依旧以家长的权威进行管教；学校也依旧把严苛的校规校纪作为唯一的手段，一切以成绩为导向，不关注学生的心理变化，那么孩子就只能以种种不合作、反抗式的行为来表达他们的自我意识，宣示自己的存在。

这些在家长看来，不就是叛逆吗？

青春期孩子的叛逆行为，有几个具体表现：

1. 否定性

不认同、否定学校的教育和考试制度。但这是否意味着他们真的从心底里厌学、怀疑考试呢？未必，更多的，这是他们彰显自我意识的一种方式，通过否定外部事物来凸显自我。这一时期的他们，就像罗曼·罗兰笔下的约翰·克利斯朵夫，否定一切权威。

2. 评判性

喜欢评判老师的教学行为，甚至认为这样或那样才更好。由于对部分老师的不认同，该科目成绩可能会大幅度下降。

3. 对抗性

认为父母的管教不对，于是消极抵抗，拒不接受，甚至公开敌对。要求他们做的事偏偏不做，或者干脆反其道而行之。

4. 冷漠性

对父母冷淡，对父母的不尊重行为产生反感，面对父母的伤心落泪也可以无动于衷。

5. 阶段性

叛逆常常出现在青少年价值观的初步形成阶段。这一阶段，价值观的形成表现为对自我判断的维护，也就是我们常说的自尊心。过了这一阶段，反抗性的行为就会明显减少。

📖 寄语家长

1. 别惹孩子，效法大禹治水，堵不如疏

大禹治水，改"堵"为"疏"，历经十多年终于治水成功。

孩子在自我意识形成后所产生的种种需求，是正常且合理的，家长们应以满足为主，而不是压抑、否定。正当需求就如同流水，越是堵塞，积蓄起来的反抗力量就越强，最后终会冲破堤坝。一味地否定、拒绝，只会激起孩子更多的不满与反抗，甚至让孩子发展出阳奉阴违的两面性格，表面上听话，私下里却我行我素，这样更糟。但如果能够将流水疏导入海，就没事了。

具体而言：尊重孩子的隐私，不以关心的名义查看孩子的私人物品；不先入为主，不代替孩子做决策；抛弃一贯的命令式口气……总之，针对孩子这一时期的心理需求，给予充分满足。做到这些的家长，甚至觉得孩子似乎都没有过叛逆期。

但是，满足不是无底线、无原则的纵容！这点必须明确。

我可以不干涉你和同学出去玩，但如果是女孩子，假期单独和一个男生出去玩，并且还要住在酒店，这样的行为就必须让父母知道并征得同意，不能以隐私为借口，说走就走。

高考结束后，我在操场遇到一个女生，虽然不是我班上的学生，但也比较熟悉。聊天中得知她准备和一个男生出去玩两天，住一晚酒店，然后再回来。我估计她父母应该不知道她的计划，出于安全考虑，还是通过班主任联系到她父母。她父母果然不知道这些，于是立即和女儿联系，了解具体情况。

2. 正确评价、积极鼓励自己的孩子

首先，不要总以比较的方式评价孩子。

如果要评选青春期孩子最讨厌的语言，"你看人家……"这句，绝对名列前三。

一个人的自我的认知，主要通过自我评价和他人评价两条途径来实现。而在

他人评价中，来自父母的评价又格外重要，将直接影响孩子对自己优缺点的认定。而父母评价孩子时，总会不自觉地使用比较的方式，比较的对象往往就是别人家的孩子。

我的一个学生在周记中写道：我妈总是拿我和我闺蜜做对比，她考好了是学习认真，我考好了是运气；她考差了是因为生病，我考差了是自作自受；她学习是自律性强，我学习就是装模作样……我不想再和她做朋友了，心累，我妈也许该认她当女儿，我不配做她女儿……

如果父母总是用比较的方式来评价孩子，并且比较的结果总是自己家孩子不如别人，那么久而久之，孩子就会觉得"对父母有用"才是自己存在的价值，是父母爱自己的原因。为了证明自己有用、自己比别人优秀，孩子的眼睛会一直注视着外部，看见别人获得成绩荣誉，那都是另一种意义上自己的损失，于是最后变成了一个孤独的嫉妒者。这绝不是我们想看到的结果。

其次，应以鼓励为主，批评为辅。

前文说过，这个时期的他们很希望自己能获得社会的承认与周围人的赞赏。

如果父母总是打击孩子的长相、外形，那么在生理自我这一部分，就容易形成自卑、觉得自己不能见人等消极认知，严重一些的，还会形成体相障碍。

如果父母总是看不到孩子的努力与进步，比如说数学满分150，孩子考了149，这是非常好的成绩了，但父母并不鼓励，反而关注的重点是为什么会丢掉那一分，是不是没做到最好。也就是说，孩子得了149分并不重要，重要的是还有1分没得。那么在心理自我这一部分，孩子就容易自我怀疑，甚至会变成习得性无助。

习得性无助是指个体经历了持续的失败后，感到自己对一切都无能为力，从而对现实感到无可奈何的心理状态。

无论孩子怎样做，你都能找到角度否定他，他感到自己的努力对沟通结果没产生任何作用，形成了"我根本无能为力"的认知，开始放弃和沉沦。

还有一点需要说明，鼓励不等于夸赞，后者只是一般意义上的泛泛而言，而鼓励却是有针对性的，有具体内容的。通过适当的鼓励，可以让孩子对自己有一个积极、自信的认知，健康成长。

三、她爱的不是我：从正常到极端

"你在班上和男生谈恋爱？"

"是。"

"你上课用 mp3 听歌？"

"对。"

"你课上顶撞老师，还把老师气哭了？"

"嗯。"

"啪！"愤怒难忍的张丹妈妈狠狠打了女儿一记耳光。然而令她意外的是，张丹就那样动也不动地挨了这一巴掌，神色漠然，仿佛挨打的根本不是自己。

为避免矛盾激化，我安排两个同学陪张丹先去心理咨询室武老师那里平复一下情绪，我在办公室中与张妈妈交流下情况。张妈妈告诉我说，张丹在她印象中一直都是比较听话、懂事的孩子，性格也比较外向，一天到晚笑嘻嘻的，和谁都能有的没的聊几句，学习上也不需要怎么操心。如果不是监控视频和她自己的承认，张妈妈怎么也不相信自己的女儿会在突然之间做出这么多出格、极端的事情来，简直就像自暴自弃一样。

其实青春期的孩子表里不一，内心与外在行为之间存在矛盾的现象并不少见。我就遇到过一些外表阳光、积极的学生，其实有着中度抑郁的倾向，甚至有过极端的行为。

极端行为的产生大多都有着可以追溯的长期原因，绝非朝夕之间孩子就性情大变。

武老师突然打来电话，说她在与张丹交流过程中，发现孩子有过自我伤害的行为。

我们马上赶到心理咨询室，看到我们，一直不怎么说话的张丹突然情绪爆发，旁若无人地号啕大哭起来，怎么安慰都没用。哭也是一种情绪释放，她哭过之后，刚好听到武老师说妈妈是爱她的，只是不懂得正确的表达方式。

她摇摇头说:"她爱的只是她的女儿，她爱的不是我。"

这句话从心理学视角看，包含了非常多的信息，是造成她极端行为的深层次原因，也是太多父母与青春期孩子关系紧张的核心原因之一。

心理学中有一个重要的概念:投射。即个人将自己所具有的意志、态度、愿望、情绪等个性特征，不自觉地反应于外界事物或他人的一种心理作用。

"以我观物，故物我皆著我之色彩。"这虽然是《人间词话》中用以解释诗词的句子，但用来描述投射也很恰当。以我自己为例，有一次同事将本该她做的事情推给了我来完成，我碍于面子答应了下来，但心中对她的推卸却很不满，推卸这一想法在我心中萦绕不去。下午上课前，课代表照例来问任务，我说默写，课代表说那样的话他们又会偷懒。课代表以前也常这样说，目的是提醒我将任务布置得详细一点，但我下意识地将推卸这一想法投射到了他身上，认为他在推卸身为课代表的责任，不想默写，于是训斥道:"做作业不是学生的责任吗? 留什么就做什么，怎么，偷懒反倒还成老师的责任了?"看似合情合理，但个中原因只有我才知道。

有太多的家长在没有意识到的情况下，将自己的要求投射到了孩子身上。比如你对自己要求很严格，凡事都追求尽善尽美，那么你就很可能要求自己的孩子做事也要做到完美无瑕，这就是投射，你把对自己的要求给了别人。在这个过程中，你会忽视孩子自身的性格特点、愿望、要求等属于他自身的特质。

他喜欢白色衣服，但你认为红色才好看，他应该喜欢红色;

他希望做个快乐的观众，但你觉得上场参与竞赛才是对的;

她不爱跳舞，但你认为女孩子学舞蹈才有气质;

她的天赋不在奥数上，但你认为学了奥数肯定有好处……

很自然地，会让孩子形成一种认知:你爱的是一个你眼中合格的女儿 / 儿子，而不是他们自己。

情绪宣泄过后的张丹打开了心扉。她说妈妈很早就给她定下目标:大学必须双一流,班上必须班干部,特长一定是舞蹈,因为舞蹈让女生气质优雅。妈妈对她学习盯得很紧,考得好,就奖励;考得差,就打骂。她的脸上曾经被妈妈抓了一道伤痕,在疤痕没有淡下去之前很长一段时间里不敢抬头走路。而在她的心里,早就觉得读书没意思,觉得读书是为了妈妈,家长们只看成绩,她早就不想学了。

后来她知道,妈妈的学历就是一所很普通的二本,什么特长也没有,但很喜欢舞蹈。这使她越发确信,妈妈只是在自己身上实现她没有实现的愿望而已。

她做班级的宣传委员,因为工作的关系拉了许多仇恨,经常被同学议论"成绩差人又凶"。学习力不从心,成绩大幅下滑,班主任、科任老师轮番找她谈话。妈妈不仅不理解,还总拿她与同事女儿对比,人家听话又努力,还有礼貌,孝顺父母,而她就什么都不行。她觉得,那个女生完全符合妈妈的要求,所以妈妈喜欢她。而自己不符合要求,所以被妈妈讨厌。归根结底,妈妈只是爱一个能完成她心愿的"合格"的女儿而已,而不是她自己。

长久以来的压抑、伤心,终于使她再也控制不住自己的情绪与行为,做出种种偏激的行为,以近乎自暴自弃的方式"报复"着自己的妈妈,宣泄自己的情绪。

最后母女两人抱头痛哭,妈妈说自己绝没有将她当作实现自己愿望工具的想法,只是想她优秀而已,无论她变成什么样子,都是自己的女儿,都爱她。

📖 寄语家长

本篇的寄语,只有一条:

不要让孩子成为实现自己愿望的工具,不要将自己的意愿强行投射到孩子身上。

马丁·布伯说过:"一旦你把对方看成实现自己目标的对象或工具,那么,不管你的目标看似多么伟大,你都对这人造成了伤害。"

父母不能用自己的期待替换掉孩子的追求。

我们当然可以要求孩子优秀，但正确的方式是引导孩子理解优秀的意义，让孩子发自内心地想追求卓越。可如果孩子在理解了之后，仍然做出了不同的选择，那么做父母的正确态度是：接受。

台湾作家刘继荣写过一篇名为《我想成为坐在路边鼓掌的人》的文章，其内容成为2012年浙江卷的高考语文作文题。她说自己的女儿学习成绩一般，永远是班里的第23名，也没有什么特长，别的孩子唱歌跳舞表演才艺时，她只能坐在观众席里给孩子们鼓掌，或者端茶送花。家长会上，孩子们介绍自己的梦想，有的要成为明星，有的要成为画家，女儿却说自己的梦想是成为一名围着围裙在厨房里做饭的妈妈。但，就是这样父母眼中不够优秀的女儿，却被投票选为所有同学最喜欢的人。

妈妈夸奖她："你要成为明星啦！"

女儿却摇摇头，说："妈妈，我只想成为一个在路边鼓掌的人。"

这样好不好？看法因人而异。但可以明确的是，这是女儿自己的选择，是在肯定了其他目标的价值之后做出的选择，而且这个选择也没有伤害到别人。那作为父母，就应该接受。

可很多父母的思维却是：

我童年时什么都玩不到，所以我要给孩子买最好的玩具；

我小时候吃不到好东西，我的孩子想吃什么就给吃什么；

我没能考上大学，我的孩子必须要考上大学；

我没能上重点，我的孩子一定得上重点……

这不是爱，这是投射，是你心理的投射，你在用孩子来完成自己的愿望，弥补自己的遗憾。

不投射，倾听孩子自己的声音，才能建立起真实的亲子关系。

我知道这很难。我觉得自己的孩子那么聪明可爱，我相信他将来必定是上清北的人，可现在却要我接受她自己的选择，接受她是个普通人，可能平凡地度过自己的一生，这不意味着我之前的期待都落空了吗？

可我们爱的是孩子啊，不是我们的期待啊。

阿德勒说过："你并不是为了满足他人的期待而活着，别人也不是为了满足你的期待而活着。"

所以我们要学会接纳、理解，然后也许就会发现，孩子身上一定有属于他自己的闪光点。

有一个学生演讲被骂上了热搜，其中那句"土猪拱白菜"更是成为众矢之的，但我却比较在意另一句：你可以选择去做一个平凡的人，但请你千万不要去做一个平庸的人，做一个普通人。

似乎待在小地方做一个普通人就是丢人的事情，进了大城市进了名牌大学就是不再普通。很多教育的悲剧、孩子极端行为的悲剧，原因恰恰就是父母不能接受孩子的普通。

正确的态度应该是：我们努力追求优秀，但我们也可以接受孩子的普通。

有这样两件事：

有个孩子，父母都是高级知识分子，北大的教授。他的成长轨迹理应是北大附小、北大附中、北大，但他却因为 0.5 分之差和北大附中擦肩而过。他喜欢音乐，不想考大学，但父亲不允许，无奈之下，豁出半条命考上了首都师范大学。但在收到录取通知书的当天，他却对父母说："这是替你们考的啊，我不去了啊。"在父母百般劝阻下，他还是去读了两年，但两年后退学了。父母不死心，给其保留了一年的学籍，但最终他也没有再去，学历停留在高中。这个人，叫朴树。

丁教授小时候是"神童"，6 岁能背新华字典，本科是北京大学，后来毕业于哥伦比亚大学，获得教育博士学位，目前是北大博导、副教授。他的夫人也是毕业于北大的高才生。作为他们两人的爱情结晶——其女儿按照遗传基因来看，肯定也不会差到哪里去。可丁教授在辅导女儿作业后，经历了从痛心疾首，到怀疑人生，再到心如止水的"刺激"过程，以至于不得不在网上吐槽女儿，她在学渣的道路上越走越远。

采访中有这样的提问："作为北大教授，您可以接受自己的孩子是一个平凡的小孩吗？"

"完全接受，必须接受，认清楚这一点，对谁都好。"

教育孩子这件事，过程要很努力，结果却要随意。丁教授是一位真正的好父亲，他没有将自己的意愿强行投射到女儿身上，并强迫她完成。他爱的，是自己的女儿，不是北大教授就该有一个天才女儿这样的人设。

有这样的父亲，真好。

我爱着你，是的，是你，不是其他任何人。

四、反正说了也没用：从无话不谈到拒绝交流

"她就是这样，老是这样，无论你和她说什么，她就是不说话，不表达自己的情感。她性格真的很内向，你把她惹毛了，才会吼出一两句。平时就像个乌龟一样，把头缩在壳子里，怎么碰都不伸出来一下。

"我作为她妈妈也很无奈，很无语。问她为什么不学习，她就在那里默默地流眼泪，一句话也不说。只有你帮她说，给她列出几个原因让她选，她才会点头选一个，但我知道这不是她的真实想法，她只做选择题。她也不和你顶嘴，你说什么都是对的，都快把我逼疯了！

"我特别希望她能明明白白地和我说一次，告诉我哪里做错了，我会反思、会改，但你得让我知道对不对？和她一聊学习她就不愿意，她不学习，我就一直给她找借口，说她心情不好，说她太累了，我知道这是自己骗自己。但我没有想到她现在竟然成了这个样子，被记了过两次，还公然用 mp3 听歌、看小说。她是不是就想被开除，想转学，所以故意这样做？

"老师你也看到了，每次都是我自问自答，她就只会陪着流眼泪。一个人哪个地方受了伤，外面结痂了，看起来像长好了，但实际没好。妈现在就希望你能告诉妈你心里到底怎么想的，我们一起把伤疤揭开，治好它。你要知道，只有父母才会这样无限制地原谅你。如果你不善于表达，那我就希望以书信的方式也行，你把你内心的想法告诉我就行。老师不让我来学校我都不知道你犯了这么多错……"

这些话，是一位家长在办公室中控制不住地倾诉的内容。整段话边哭边说，

甚至一度哭到不能自已。她的女儿站在一边，也默默流泪，但从开始到结束，始终不肯说一句话，除了简单几句回答班主任的提问之外。

从这位母亲的话语中，不难看出充满着自责、迫切与无奈：疏忽关注女儿的自责、渴望与女儿敞开心扉沟通的迫切，和女儿不肯配合的无奈。她不知道问题出在哪里，女儿又拒绝沟通。

拒绝交流，是孩子在青春期出现的比较典型的变化，也是令父母非常无奈的一种现象。但导致其产生的原因却并不复杂，"冰冻三尺，非一日之寒"——

长期的无效交流，最终导致了孩子的拒绝交流。

心理学中有一个概念叫"反馈效应"，是心理学家在研究人的学习行为时提出的。反馈原是物理学中的概念，指把输出电路中的一部分能量送回到输入电路中，以此增强或减弱输入讯号。

心理学家做过一个有关反馈效应的实验：把被试者分成四组，第一组为激励组，每次工作后予以鼓励和表扬；第二组为受训组，每次工作后对存在的问题都要严加批评和训斥；第三组为被忽视组，每次工作后不给予任何评价，只让其静静地听其他两组受表扬和挨批评；第四组为控制组，让他们与前三组隔离，且每次工作后也不给予任何评价。

实验结果：成绩最差者为第四组（控制组），激励组和受训组的成绩则明显优于被忽视组。并且，激励组的成绩不断上升，学习积极性高于受训组，受训组的成绩有一定波动。

这充分说明了反馈的重要性。这也是学习过程中教师的意义所在，也是为什么自学始终比不上教学的关键之一。

不光是学习，其实这个效应在许多方面都有体现，尤其是交流方面。

良好的沟通有赖于对方的热情回应。夫妻、亲子，或者是同事朋友之间，概莫能外。比如在伴侣过生日时，我们绞尽脑汁为他安排了一个惊喜，但对方却毫不为所动，反应平平，那么下次你还会再费心准备吗？你为放假回家的孩子精心准备了一桌可口的饭菜，结果孩子只吃了几口就开始耍手机、玩电脑去了，下次你还会继续这么做吗？

我们终其一生都需要外部的回应，当回应不是我们所期待的，我们就会感到失望、挫败。就像小时候，孩子满心期待父母的安慰与鼓励时，结果却被责骂，事后也没有任何的道歉与安抚，这些失望挫败没有被修复，就变成了真正的挫折与创伤。

得不到适当的、积极的反馈，人的积极性就会受挫，受挫的次数太多，就会拒绝做这件事。与孩子的交流也是如此，他们不会突然之间就变得拒绝交流，一定有一个长期、不断地收到负反馈的过程。那么，在与青春期孩子的交流中，哪些行为属于负反馈呢？

📖 寄语家长

1. 将一切交流都集中于成绩，功利性太强

女儿觉得该写会儿作业了，于是从沙发上起来。

妈妈：你干什么？又要看电视！又不写作业！你不知道自己上次考多少分吗？

女儿：您怎么知道我去干什么！管这么宽！

妈妈：你什么态度！我是你妈，我还不知道你在想什么，你现在成绩那么差，中考才考了那么点分，要是高考考不好，以后……

女儿：……

明明想学习却被误会，因为误会而不想解释，又因为不想解释而受到更多的指责，于是就不想交流了。

儿子：妈，我最近和同学闹了一点矛盾，有一些问题。

妈妈：那你为什么要那么做？我就说你习惯有问题。

爸爸：一天净想那些有的没的，别管那么多，把你学习弄好才是正经的。

孩子的问题没有解决，还自讨无趣挨了一顿训，久而久之，还会找你说心里话吗？

女儿：今天学校里发生了一件很好玩的事……

妈妈：你是去学校学习的还是玩儿的？不好好学习，净关注些没用的！

女儿：但我也不能一天到晚都学习啊！

爸爸：你是学生，就应该学习，想其他的对成绩有用吗？

妈妈：你管别人干吗？你管好你自己了吗？你有别人成绩好吗？别人至少学习整好了，你呢？

爸爸：就是，你看人家，学习比你好，习惯也比你好……

父母习惯于将一切谈话内容都归结到学习成绩上，于是孩子就会觉得不管说什么也没有用，既然没用，也就不说了。将一切都压在心底，即使难受也忍着，毕竟在父母看来，学习之外什么都不重要。

久而久之，孩子会产生一种不信任感，哪怕父母后来想和自己交流了，也不再相信，不想浪费时间了。

2. 得不到有效的可以解决问题的办法

当然也有许多父母愿意认真倾听孩子的烦恼，倾听孩子分享的校园生活。当孩子倾诉、分享时，父母像个朋友一样倾听就足够了。但也有一些时候，他们是想解决在友谊、师生关系、寝室生活等方面遇到的问题，想从父母那里获得行之有效的办法。

我的一个学生小邹，因为得益于母亲教授的许多方法，在人际问题方面处理得很好，朋友很多，所以对妈妈很感谢，就很愿意和她交流。反之，如果父母只能给予一些宽泛的鼓励，不痛不痒的安慰，诸如"你对人家好人家也会对你好""放心吧，事情都会过去的""最重要的是开心，开心是一天，不开心也是一天，干吗不开心点呢"这样一类的建议，其实并不能解决孩子的实际问题，孩子也会变得不想交流。

3. 居高临下的说话态度

我在办公室经常会看到这样的场景：学生低着头，偶尔唯唯应和几句，似乎正在认真接受老师的教育，似乎感到自己很羞愧。老师则滔滔不绝："你学习是给我学的吗？""我告诉你，你再这样下去，对得起你爸妈吗？""问你话呐……"时而慷慨激昂，时而敲桌子、拍椅子。而当谈话结束，学生转过身，往往是面无表情或者毫不在乎，更有甚者，用只有自己才能听到的声音说一句："哼。"

他根本就没听或者不认同刚才老师说的话，只是因为不得已才站着听到最后，而老师却常常自我感觉良好。

这种情形不仅发生在师生之间，家长与孩子之间、领导与下属之间也很常见。

在这样的交流中，老师一方已经提前有了一种心理预设：我是老师，我的经验、阅历、知识都远比你多，我有绝对的资格教育你，我说的话你必须要听，我讲的都是对的，我没有必要在意你的想法。

这种心理预设将自己摆在交流中制高点的位置，不在乎对方的想法，也不愿去认真考察事情的前因后果，只想将自己的道理灌输给对方，然后要对方按自己的要求去做。而青春期孩子的心理我们前文已经分析过，他们渴望得到平等的对待。所以作为父母师长，最好能放下架子，以一个平等的身份去和孩子交流，取得孩子的信任，才能得到真实的反馈。

这一过程需要很好的耐心，说起来容易，做起来却很难，但回报也是巨大的。一旦彼此消除隔阂，打开心扉，那么交流的过程就是感情升华的过程。

第二章

陪孩子感受成长
——人际交往与自我

● 处理人际关系是成长的必由之路

一、她"背叛"了我：青春期的友情问题

李惟依想挽回一段友谊，但不知道该怎么办。

她说高一下学期文理分科，刚到新班级时，里面的人一个都不认识，就随便挑了一个看着顺眼的位置坐了下来。规定的进班时间快结束时，才从后门处进来一个女生，那女生后来就成了她的同桌，这一坐，就是整个学期。

从最初的陌生到后来的无话不谈，李惟依帮她打饭、接水、放风，解决她和其他人之间的矛盾。有时课上无聊，她拉着李惟依聊天，李惟依也就陪着她；她不想坐前排，喜欢坐在后排，这样上语文课时就可以看喜欢的小说（语文老师兼容并包，只要和文学沾点边的书都允许看），李惟依也就放弃去前排的机会，陪她一起，还常常给她放风。

生活中，大部分人的第一段友谊都源自同学关系，心理学上将这种现象归因为"接近性"：共同的生活空间，相近的性格行为，相同的年龄爱好，这些都很容易催生出友情。

高中生的人际交往，主要有这样一些特点：

1. 师生关系有所削弱

不再像小学时那样唯师是从，也不同于初中阶段对老师的崇拜，他们对老师有了新的认识，并有了更高的要求，对于喜欢什么样的老师也有着明确的看法。

2. 与父母关系疏远

不少高中生都觉得与父母难以沟通，在价值观、交友、生活习惯，乃至着装打扮等方面，都与父母的想法相抵触，于是心理上、情感上也逐渐疏远。

3. 友谊具有十分重要的地位

儿童时期，孩子最依恋父母，朋友则没那么重要，但随着年龄的增长，孩子的情感依恋逐步由父母过渡向了朋友，并且日益得以确定和加强。他们有了心事，更愿意对朋友倾诉，而不是父母。

4. 容易形成小团体

由于同在一个教室中学习，彼此年龄相当，爱好兴趣相同，受这些因素的影响，大多数中学生比较容易加入非正式的小团体当中。

李惟依的这个朋友，对刚刚来到新班级中的她而言就很重要。

两人关系的变化主要是因为两件事：

期末的生物考试，李惟依考得很差，她以为她的同桌肯定也很糟糕，毕竟都没怎么听课。然而意外的是人家考得很好，这令李惟依有种遭到了"背叛"的感觉。

"果然，真正没听课的人，到头来只有我一个。"

"我也是没怎么听啊。"

"那你怎么考得那么高？你听课了就听课了，骗我干吗？"

"谁骗你了？你自己没考好反而怪别人听课了，你奇不奇葩呀？"

"我……"

"能不能别啰嗦了？住嘴！"

期末的最后一天，两人之间一句话都没说。

另一件事则与李惟依被同学误会为"告密者"有关。那天李惟依一进教室，后排的几个同学就大声说"来了，来了"，弄得李惟依很迷惑，不知发生了什么。然后有人特别大声又阴阳怪气地说，某些人天天往办公室跑，靠告密来讨班主任的欢心。李惟依觉得又委屈又尴尬，此时她特别希望自己的同桌能帮自己解释一下，哪怕只说一句话也好，然而，同桌什么都没说。

两人之间的友谊就这样降至冰点。

一段合适的友谊中应该具有三个成分：

①情感成分：彼此在思想、感情上的交流分享，以及与信任、忠诚、关怀、理解、欣赏等有关的内容。

②共有成分：相似的三观和兴趣爱好。

③社交成分：可以一同参加的社交活动。

出于一种对待朋友应该"忠诚"的情感，李惟依也和她的同桌一样没有听课，但结果却是同桌可能听课了，于是"忠诚"的感情就遭到了"背叛"，三个成分中的情感成分就出现了裂痕。

友谊的维系中其实也存在着互惠的成分，虽然友谊肯定不是一对一的等价交换，但要想长久维系的话，"付出总有回报"也是一个重要的因素。李惟依平时帮了对方许多，但在她需要帮助的时候，需要有人为自己说话的时候，却没有得到朋友的回报，这令她对自己的友情产生了怀疑。

然而一个学期过去了，李惟依重新审视后发现，自己不想失去这个朋友，而且也理解了她当时的一些做法。现在想挽回，却不知道该怎样开口。

我建议她试一试富兰克林效应，以此来自然地进入话题。

所谓"富兰克林效应"，就是：让别人喜欢你的方法不是你去帮助他们，而是让他们来帮助你。

曾经富兰克林在宾夕法尼亚议院发表演讲，有一位议员完全反对他的观点，十分激烈地批评了富兰克林。富兰克林有点措手不及，但是又想争取这位议员的同意。他无意中了解到这位议员的家里正好有一套非常稀有的图书，于是他十分恭敬地写了一封信，向该议员借书，没想到这个议员竟然同意了。一个星期后，富兰克林在还书时郑重地表达了谢意。几天后当他们再次在议会厅见面时，富兰克林这样描写道："他竟然主动跟我打招呼，后来我们谈话，他还表示，任何时候都愿意为我效劳。"从此他们两人化敌为友，终生保持着友谊。

后世的心理学家们从中得到了上面的那个结论。

几天后，李惟依跑过来告诉我说，富兰克林效应很神奇，她的同桌后来主动送了她一枚书签，帮助她解决看书找不到页的问题。现在，她们又能像从前一样聊天了，但在感觉上，却回不到从前那种亲密了。

她有点怅然。

📖 寄语家长

1. 青春期孩子的友谊很重要，千万不要以为只要学习好就可以了

不久前，童话大王郑渊洁批评小学语文教材缺少趣味性，误人子弟，言论再次登上热搜。作为一名从事教育工作的老师，我认为，写童话他是老大，论教育他不是内行。因为他曾做过一件事，他的儿子郑亚旗不喜欢学校教育，他就让儿子回家，自己编写教材自己教育。一个了解教育的人是绝对不会这样做的。

因为学校不仅仅是学习的地方，还是同龄人最多的地方，是学习交际、建立友谊的最重要场所。没有与同龄人的交际，没有属于自己的青春期友谊，孩子的心理、性格肯定会出问题。果然，据媒体报道，郑亚旗一度变得很孤僻，最后郑渊洁如何解决的我没有关注后续，不太清楚。

美国著名儿童心理学家塞尔曼曾为童年到青少年时期的友谊划分了五个阶段：

学龄前儿童表现为，谁跟他接近或在一起玩，谁就是朋友，友谊中尚未有了解或照顾他人的思想、情感。

4～9岁儿童表现为，谁能满足他的需要，谁就是朋友；不重视朋友的意见，基本上按自己的心愿或想法行事；友谊的形成很快，结束同样很快。

6～12岁儿童和少年表现为，能主动择友，以特定的善意的行动证明自己是可信赖的朋友；能评价自己和对方；能互相关照、合作或妥协。

9～15岁青少年表现为，相互关心成为友谊的标志；朋友被看作是最了解自己的人，是在忧伤、孤独或焦虑时能提供帮助的伙伴；友谊建立在思考和珍惜关系的基础上，经得起时间和距离的考验。

12岁以后，自主的共存阶段，是友谊发展的最高阶段。双方互相提供心理支持和精神力量，由于择友更加严格，所以建立起来的朋友关系持续时间都比较长。

这其中，高中生正处于第四、第五阶段，朋友的重要意义可见一斑。

2. 帮助孩子形成正确的交友观

古希腊哲学家亚里士多德相信，人本质上是一种社会动物，由此而来，人的友谊可以区分为三种类型：

建立在功利基础上的友谊——因为别人能帮助我们，所以我们就喜欢他们；

建立在快乐基础上的友谊——因为别人能让我们快乐，所以我们就喜欢他们；

建立在美德基础上的友谊——因为他们品德高尚，所以我们就喜欢他们。

亚里士多德认为，最后一种友谊才是真正的友谊，双方是真正地喜欢对方，而不是利用友谊去达到某种目的。这种友谊也是最能持久的友谊。

3. 让孩子明白，朋友间的交往需要掌握适度的原则

朋友之间当然会有付出与回报，但并不是一味地无私付出就没有问题。

一种可能是：如果一个人得到的总是大于他所付出的，可能他会感到心理失衡。他感觉自己没有机会或者无法回报对方，总觉得亏欠了对方的情义，因而产生愧疚感；又因为长期处于被帮助的一方而产生无用感。这种心理负担，往往会让受惠的一方最终选择疏远。

另一种可能是：对朋友过好，时间久了，可能会让对方对此感到麻木，习以为常。于是感觉不出你对他的好了，甚至会觉得你对他好是理所当然的。若某一次达不到原来的标准，反而会让他心生怨念，致使友情破裂。所谓"升米恩，斗米仇"，就是这个意思。

还有一种可能是：对朋友过好，会给人一种性格十分柔顺的印象，从而会让朋友对你缺乏应有的敬爱，变得肆无忌惮。

所以说，过犹不及，适度才最重要，在交往中要把握好友情的度。

二、调寝是下策：教孩子正确处理寝室矛盾

高二的方婷来找我，并不是做心理咨询，而是来吐槽的。她不能向同学抱怨，怕内容传出去后被相关同学知道而影响人际关系，而老师则肯定会保守秘密，因为她吐槽的内容是寝室生活。

方婷初中时是走读生，高中来这里读书才开始住校，这才发觉原来八个人住在一起生活，会有许许多多意想不到的麻烦与矛盾。

周末大扫除的时候总有人在浑水摸鱼，不认真完成分配的任务，最后导致检查不合格。如果好言好语说对方几句，对方就一脸不高兴，一边干活一边小声嘀咕，说些冷言冷语。

有的室友喜欢乱晒衣服，湿衣服搭在干衣服旁边，如此反复几次，衣服上就总有一股味道；有的室友说话尖刻，喜欢怼人；有的人不拘小节，乱扔乱放。还有人用别人的东西，就如同用自己的东西一样随意。方婷这学期带了一大盒口罩来，满满当当，一个室友来借，她出于客气说了句以后有需要自己拿就行。结果到了期末，口罩就真的没剩几个了。

还有人比较懒，什么事都喜欢拜托她来帮忙，她本来不想帮，但又觉得不好拒绝，不想影响人际关系，于是帮忙挂蚊帐、装被套床单、收拾桌子、晒衣服等，搞得自己像个保姆一样。

有研究者将学生寝室内的人际关系划分为五种类型：和谐型、弱和谐型、小团体型、松散型、失控分裂型。在高中阶段，大部分女生寝室都属于弱和谐型或者是小团体型，而男生寝室则多为和谐型或者松散型。相对而言，女生寝室更容易出现矛盾，这可能和女生的性格有关——更敏感、更善于观察细节。

高中阶段的寝室人际关系具有如下特点：

1. 矛盾小而微，都是个人行为习惯差异所导致

高中生每天的生活内容以学习为主，较为单一，回寝之后则是洗漱、休息，为第二天的学习做准备。彼此间的交流，也大多局限在学科内容、评论老师同学、个人经历等有限的几个方面。这样的校园生活内容就决定了不可能会有什么重大的矛盾冲突出现，室友之间的矛盾，几乎都是如方婷所叙述的那样，是个人生活行为习惯上的矛盾。

2. 影响积而渐，最终会影响到情绪与心理

矛盾小并不代表对学生的心理情绪就没有影响，良好的人际关系可以促进人

的心理健康，而像这样磕磕绊绊的人际关系，会让学生始终处于一种想做些什么却又无从着力的状态。不同的行为习惯导致的反感，长期积累下来也会造成一定的情绪问题，甚至会以某件小事为导火索而爆发出巨大的争吵。

3. 缺乏有效的解决方式

向班主任反映，班主任可以调节一时，但管不了很久，而且这种行为会被同学视为告密、打小报告，如果被知道将会使自己陷入更糟糕的人际环境中去。

直接和对方交流，指出对方的错误，要求其改正，对方要是听后立刻就改了，那就不是青春期的高中生了。大家都是同龄人，你凭什么对我指指点点？你怎么不改？我还觉得你错了呢。

"我每天中午都必须午睡，不然下午和晚上就真的学废了，可别人不这么想，只要不到宿管阿姨来查寝的最后一刻，就会一直聊天、说笑，还在床上动来动去。连带着我的床也一块动，影响了我的午休，和对方说人家也不当一回事。多少次想发火都忍了，一旦闹得不愉快那更加不舒服。"

"总之，女生寝室中的小矛盾可多了，一个本子都写不完的那种。"

最后方婷无奈地总结道。

我回想起我在高中时也曾面临过这样的问题，寝室舍友晚上不守纪律爱聊天，而我作为室长必须要管，但说轻了没人在乎，说重了激起反感，十分为难。最后，我找到一个"奇特"的解决办法：你们都不准讲，我来讲——我每天晚上进行评书联播，为他们讲述我读过的长篇武侠小说，讲完大家就必须睡。靠着这个办法，我们寝室连续获得文明寝室的称号直至毕业，而那些讲过的《神雕侠侣》《射雕英雄传》等作品也都成了如今美好的回忆。可是，用这样"奇特"的办法来解决寝室说话问题，也从侧面反映了寝室矛盾的不好处理。

家长们将孩子送到学校后，往往都只关注他们的学习生活，其实他们的寝室生活也应该关注，或者说更应该关注。现在的高中生都比较自我，他们认为生活应该是什么样子，却不清楚生活实际是什么样子；都知道自己拥有自由的权利，却不在意别人也拥有自由的权利，行事只从自己角度出发，不考虑他人，由此产生种种人际交往中的矛盾，而这些矛盾无疑会影响到情绪和学习。

📖 寄语家长

1.帮助孩子认识到寝室生活的重要意义——寝室生活是心理成熟的必经之路

怎样才算是心理成熟？给大家一个标准，美国心理学家赫威斯特列举了10项发展任务，是心理成熟所应具备的品质。对于青少年来说，可以视为自我心理成熟的标准，也可作为教育与辅导孩子的行为目标。

赫威斯特心理成熟的十个标准

1.能在日常生活中与同龄人建立和谐的人际关系。这种关系应包括同性朋友和异性朋友。

2.在行为上能够扮演适当的性别角色。

3.接纳自己的身体和容貌。不过分炫耀自己的优点，也不过分掩饰自己的缺点。

4.情绪表达渐趋成熟独立。凡事不再依赖父母或其他成人的支持与保护。

5.有经济独立的信心。

6.能够选择适合自己能力和兴趣的职业，而且肯努力奋发。

7.认真考虑选择婚姻对象，并准备成家过独立的家庭生活。

8.在知识、观念等各方面，都能达到一个现代公民的标准。

9.乐于参与社会活动，也能对自己的行为负责。

10.在个人的行为导向上，能建立起自己的价值道德标准。

能够与同龄人和谐相处被列为第一条。

高中生正处于后青春期，一个心理上的断乳期，处于由依赖父母处事向独立处事转变的过程中。在高中，学习方式、生活方式、日常生活都与初中不同，面临的是生活，尤其是心理上的独立。宿舍中如果人际关系和谐，就会提供足够的安全感和精神支撑去完成这个转变、调适的过程，心理上由依赖转向独立、成熟，心理功能也能得以健康发展。

2. 学会换位思考，改变以自我为中心的思维习惯

很多同学在面对宿舍矛盾时，会习惯于用一种自我为中心的思维来看待或者处理，"我认为应该如何如何"。但在宿舍里大家都是平等的，没有谁一定要迁就谁，你认为应该怎样不代表我也这样认为，相互交往应该是礼让三分，彼此尊重的。如果要求别人都要依着你、顺着你，显然是不现实的，这种以自我为中心的思想是宿舍关系恶化的重要原因。

换位思考就是将自己设想为对方，设身处地地为他人着想，站在他人的角度看待和处理问题。心理上的角色互换是消除猜疑、嫉妒心理的最好方法。人们之间种种心理障碍的产生，实际上多是因为别人没有满足自己的需要，或觉得别人的需要超过了自己而引起的。如果能与别人进行心理互换,将自己置于对方的角度，理解他的行为，多为别人着想一下，那么彼此间的偏见和误解都会因此而涣然冰释。

3. 教孩子学会互助互容

当一个人遇到困难、遭到失败时，是对人情世故最为敏感之时，最需要友谊和帮助。这时，哪怕是一个微笑，一个体贴的眼神，都会使他人感到温暖，受到鼓舞。宿舍成员之间的互相帮助对于建立起良好的宿舍人际关系具有重要作用。

但关心帮助室友并不是要做"好好先生"，对室友有求必应，而是要有自己的原则和底线，在合情合理的范围内真心帮助室友。也要有心理互容的心态，即相互间多看对方的优点和长处，多肯定他人，少求全责备，从而和睦共处。

4. 万不得已时，可以选择调寝或走读

如果上述办法都试过了，但还是没有任何改变。如果寝室内部小团体现象严重，排挤行为严重，或者寝室实际已经是失控分裂型了，孩子对寝室的抵触情绪特别严重，甚至害怕回到寝室。那么这个时候就不宜再鼓励孩子继续改善人际关系了，而应该联系班主任、协调年级，进行调寝或者是办理走读，离开这个环境。

三、我讨厌这个班级：教孩子适应新的环境

正值 17 岁雨季的穆蓉，她的烦恼和"雨"无关，而是无法融入班级。我让她描述一下对班级的看法，为什么不喜欢这个班级，她总结为两点：

一是学习氛围。

和班上的同学相处，发现他们都很吵很闹，完全不清楚自己的重心该放在学习上，一下课就跑得没有了踪影，留在班上的也不会认真看书，只是一味地与他人聊天，嘈杂的课间让人根本没有办法安静下来看书。

班上的同学还特别喜欢甩锅，成绩考不好就甩锅给老师，"这个老师天天水，什么都没讲""他带的班老是倒数第一，就是他教不好"。其实老师在课上把考点都讲得非常清楚、仔细，是他们自己没认真听而已。

人总是容易受环境影响的，环境其实是很重要的因素。

二是班中的人际关系。

班上的同学就像在上演宫斗剧一样，说到宫斗剧，就会涉及皇帝、妃子、太监、暗卫这些角色。"皇帝"当然就是班主任了，而班里的女生就像是一群不在乎皇帝，只爱自己的"妃子"。总是姐姐妹妹的凑在一起，一会儿一起排挤一下这个，一会儿一起排挤一下那个，背后偷偷摸摸地说个小话，也不敢叫人听了去，大家都是人前好姐妹，背后管你谁。谁有了什么新的衣服首饰，还要叫一堆人来看，故意把标价展示出来炫耀一番。"太监"当然就是皇帝身边的红人了，自认为自己和皇帝的关系很好，就把谁都不看在眼里，什么事情都要去掺上一脚，也不管合不合适，反正能表现自己就好了。"暗卫"就更可恶了，可能平常默默无闻，你干什么"坏事"时还来和你称兄道弟，说大家都干过，怕什么？然后转头就把你告到了班主任面前，让你连给自己辩解的机会都没有。而且他本人就像外号暗卫一样，你被告了都不会知道是谁。

我被她如此有趣的描述给逗乐了，关于宫斗剧的比喻真是很生动形象。

人际交往是学生成长过程中的重要内容，有一种"社会微环境"理论认为，

只有学会在不同的微环境中生活，人才能不断地社会化。

如果把社会称为大环境，那么班级这个以学生为主的小社会就可以视之为一个"微环境"。对于学生来说，每天朝夕相处的同学是他们重要的交往对象，班级就是他们进行交往、形成交际能力的重要场所。班级中学生的人际状况，根据彼此间吸引、漠视乃至排斥的关系，可以划分出6种类型：

小团体，指两三个或四五个交往甚密、兴趣相投的同学，具有一定的排他性；

人缘型，班级中最受欢迎的人；

嫌弃型，班级中最不受欢迎的人；

首领型，在一些活动中出现的能组织、领导这些活动的同学；

孤独者，很少与他人交往，他人也很少与之交往的人；

互拒者，彼此间相互排斥的同学。

穆蓉对周围同学的抵触比较大，很容易变成孤独者，这显然不利于她的身心发展和人际交往。而导致穆蓉产生抵触情绪的原因，她描述的班级情况是一方面，而另一方面，也有她自身的原因。她原本是重点班的学生，新学期开学重新分班，刚来这里的时候并不知道这是一个平行班，因而错过了调班的机会。这就让她产生了比较大的心理落差。重点班与平行班，无论是学习氛围还是班级人际关系都差距很大，这种强烈的反差让她一时无法适应。

人内心的大多数负面情绪都与心理落差有关。

因环境变化而造成的心理落差，会使一个人讨厌陌生的新环境，沉溺于怀念过去，希望能重新回到自己的"舒适区"中。这就类似心理防御机制中的"倒退"，通过回忆过去的美好来帮助自己脱离当下的紧张和焦虑。可是这种回忆往往是片面和主观的，不愿面对新的环境，留恋过去，反而会加深在新环境中的挫败感。

我留给穆蓉一句话去思考，"水至清则无鱼，人至察则无徒"。希望她能发现班级中一些别的东西。

两周后，她又来到心理咨询室，她说她理解了同学们的一些行为。如果从学习的角度看，这些行为当然是不对的；可是如果换个角度，从青春的角度、高中生的天性来看，这些行为又似乎都很正常。她也就不那么抵触了。

而且，班主任会组织给大家集体过生日，那个时候氛围很好。参加运动会的各项比赛时，班级也挺团结的。

我说，那你已经接受这个班级了？

她摇摇头，说虽然自己无法释怀来到这个班，但学会了放过自己，不去计较，做好自己就好。

寄语家长

1. 不可以过度补偿孩子

当孩子和家长反映无法适应班级、不喜欢现在的班级、在学校过得很不开心等情况后，家长的自然反应都是，孩子在学校受委屈了，现在回家了，我可得好好补偿一下孩子。想吃什么就给做什么，想买什么就给买什么，和孩子一起将原因归结给学校管理、班级管理、老师教学等，都是因为这些外在原因导致孩子无法适应班级，"我的孩子没有什么错，我千万不能指责孩子"。可能家长以为这样补偿了孩子，孩子心理就会获得一种平衡，就不会讨厌去学校了，但其实只会适得其反。

这一方面有专门的心理研究，结论是：当孩子在学校、班级生活中感到不适应，如果回到家父母给予了过度补偿，会令孩子更加不想回去。孩子会更想躲在家中，躲在舒适区，即使勉强回到了班级，也不愿积极改变现状，只想时间快点过去，早一点回到家里。

当我们面对不利的环境时，我们可以选择适应、改善、逃避三种策略。父母的积极鼓励，正确归因，会有助于孩子选择适应或改善；而父母的过度补偿，则会把孩子推向逃避这一选择。

2. 降低心理预期，去发现班集体的闪光点

班级和人一样，都有一个成长过程。刚组建的新班级，肯定会有许多的不完美之处，如果这个时候就要求过高，希望科任老师都教学有方，班级纪律严格完善，班主任经验丰富，班中同学都符合自己的期待，那肯定是不现实的。教师的

教学方式需要适应，班主任的管理方法也需要磨合，班级出现的问题都要一个一个解决。所以可以先把心理期望值适当降低一点，这样就会比较容易接受新的班级环境。尤其是像穆蓉一样从重点班进入普通班的学生，如果用之前的标准去期待现在的班级，肯定是失望居多。

3. 正确认识、理解班级中小团体的一些行为

在穆蓉的叙述中，班级女生的一些小团体行为让她觉得很不好，其实并不是这样。

许多研究都证实，学生人际交往关系中重要的结构之一就是小团体，班级内的小团体大致可以分为两类：正式的和非正式的。前者指班委会，后者指学生自发形成的群体，其随意性较大，可塑性较强，人员的数量也不固定。小团体会对班级产生某种积极或消极的影响。

积极方面

它是一种心理需要，能满足群体成员间思想、兴趣、情感的交流，增加成员的归属感，增强同伴之间的情感支持，为学生提供被人接纳和接纳别人的机会。

消极方面

小团体中会比较容易出现排他现象，"你跟我好就不能再跟别人好""我们每天下课一起去吃饭，如果你和别人一起走了就是对我的'背叛'"……这些行为会使班级群体中的同伴关系变得紧张，严重的还会使同学间产生对立情绪。而且，小团体都比较愿意接纳那些活泼开朗、善于表达的学生，因为这类学生比较有影响力。而那些内向、不善交际的学生，就会被忽视，被小团体排拒在外，从而更加孤立。

了解了这些，就会正确看待女生们聚集在一起偶尔"排挤"某个人，一起背后说小话的行为了。这只是小团体会出现的正常行为之一，并不能就此说明这些女孩子们的性格不好，不爱学习。

4. 转换环境

如果孩子在某些方面对班级的抵触实在是比较大，即使是经过了充分的沟通和适应后，情况还是没有改善，或即便改善了也还是不能正常地在班级中学习、生活，

那么也可以申请调换班级，转换环境。

但家长一定要与孩子说明清楚，一定是我们已经努力过了，也试着改善了，但没有达到目的，才会转班，并不是说转就转。以免孩子形成以后只要有问题，转班就好的错误认知。

四、但愿爱是归途：单亲家庭的影响

"我想问爸爸三个问题。一、你为什么不来看我？二、在你心里，有没有把我当你的女儿？三、你过得还好吗？"

经过了几次谈话交流之后，叶雪终于说出了导致她情绪问题的根源。

几周前一个冬日的下午，一个叶雪的女同学来到心理咨询室，这是她第二次来找我。第一次是因为内心莫名烦躁、心情压抑，想发火、扔东西，我给她介绍了心理咨询的原则：尊重、倾听、理解、中立、不评判，希望能帮助她整理自己的情绪、调整心态。

"你能简单讲讲发生了什么，让你控制不住地想发火、想扔东西呢？"

"老师，我也说不上来，也没发生什么特别的事。"

"那你先填一张测试表，你可以一边填，一边回答我的问题。"

"好的老师。"

"最近身体状态如何，吃饭、睡觉都怎么样？"

"有点心烦失眠，头疼，感觉不舒服，但又查不出问题，其他还好。"

"心情烦闷是因为整天戴口罩闷到了吗？"

"不是。"

"是因为成绩下降？和同学闹矛盾了吗？"

"也没有，和同学处得还可以，期中成绩还进步了。只是突然这段时间感觉没心情学习了，心情烦躁。"

通过填表，我判断她的身体状况应该是一种应激反应。应激一般指由意外的、紧急的情况所引起的情绪紧张状态，又由情绪紧张导致身体上、生理上出现一些反应。但广义地说，凡是由于精神、情绪方面的刺激导致的身体问题，都可以叫作应激或情绪应激。所以，外部刺激不一定非得是重大的、意外的事件，日常生活中的慢性紧张（学习或工作压力，家庭关系紧张等）都会导致应激现象。

当个体处于应激状态时，会产生一系列身心上的变化：

1. 身体：食欲减退、失眠、头痛、恶心、倦怠、磨牙、消化不良，无明显原因的疼痛等。

2. 情绪：焦虑、敏感、烦躁不安、敌意、易怒、悲观、失望等。

3. 行为：注意力难以集中、不合群、好哭、冲动等。

但这些变化是暂时的，应激因素消失后，身心就会恢复正常。

应激都有一个应激源，学生生活中的应激事件比较多，如学习负担过重，考试失败，人际关系冲突，受到老师的批评处分，被人误会，与好友发生纠纷，甚至调换座位不如意……对叶雪来说，关键是找出她的应激源是什么。

"近三周没见家长了，想家吗？"

"还好。"

"我看你家庭情况填的是父母离异……"

"是，我爸妈在我小学时就分开了，我爸从来都没有来看过我……"

说到这里，叶雪开始轻声哭泣："老师，可以用一下纸巾吗？其实还好，我跟妈妈一起过的，我妈对我很好，后爸对我也可以。"

"你的情绪变化是因为爸爸吗？我看你提到他时，感觉很委屈、很迷茫。"

"我也不知道，老师，他一直没来看过我。有一次说要来了，我等了他很久，结果他有事又没来。后来我看过他的朋友圈，妈妈有他的微信。听说他结婚了，好像又有新的小孩了，他应该有了新家，就把我忘了吧……"

"你有这个心事一定特别不容易，想问又怕妈妈伤心，更怕自己失望。不问又放不下。"

"是的，老师，我心里有很多疑问和气愤，已经严重影响到我的学习了。不过说出来，心里好多了。"

"这次时间到了。你下次再来，我们通过心理学的一些技术，重新面对、整理一下这些情绪好吗？"

"好的，谢谢老师。"

这时我想到可以运用心理学中的空椅子技术来帮助这个学生整合自己的情绪，但能否顺利，我也不敢肯定，不过值得一试。

空椅子技术是在完形治疗和心理剧治疗中被广泛使用的一种技术，通常在咨询室中摆一把椅子或者多把椅子来象征某个人，如果来访者选择其他的东西来代表母亲、父亲或者自己也可以，通过这些象征性的物件，来访者有机会把自己的过去、现在和未来呈现在咨询室内。

针对叶雪的情况，我准备采用他人对话式的方法来进行空椅子技术。也就是放两张椅子在她面前，坐到一张椅子上面时扮演自己，坐在另一张椅子上时就扮演他人。两者展开对话，从而可以站在他人的角度考虑问题，然后去理解他人。

叶雪第三次来到咨询室，我问她："老师今天会引导你扮演你的父母，你做好心理准备了吗？"她微笑着点点头："老师，我准备好了。"

我先给她做了心理放松。

"小叶，现在你想象对面的空椅子上坐着的是你自己，就像照镜子一样，你可以看见自己，看见自己的样子，尤其是眼睛。她是什么样子的，还好吗？心里在想什么？"

"我感觉她很小，好像回到了小时候，她很迷茫，心里有很多迷惑。"

"好，调整一下情绪，现在，想象你对面位置上坐的是妈妈，你能够感受到什么？"

"我能感到妈妈很爱我，很不容易，为我付出了很多。"她开始有些泪目。

"来，你坐到这个椅子上。现在，你闭上眼睛扮演一下妈妈。你关切地注视着女儿，你们相互对望着。你能感受到女儿吗？你想对她说什么？"

"我想对她说，女儿，你从小就和我相依为命，我晓得你很坚强，也感觉有时你不那么开心，可妈妈希望你开心。"叶雪开始哭了起来。

"现在，我们更进一步，你现在坐在爸爸的椅子上，扮演的是爸爸，想象你们互相凝望着，能感受到什么吗？"

"老师，我什么都感受不到，好像跟他失去联系了，我想象不到他，我不知道他心里到底有没有我。"

"没关系的，那你坐回来，在这张椅子上，你就是你自己，对面坐着的是你爸爸，想象你看着爸爸的眼睛，把你心里的疑惑问给他听。"

于是，叶雪问出了开头的那三个问题："爸爸，为什么你一直都不来看我？在你心里有没有把我当你的女儿？你过得还好吗？"

问完，她放声痛哭，我能感受到她是用了很大的勇气和决心问的，问出了藏在心中很久的问题。哭泣是一种情绪宣泄，哭过之后，心理就轻松了。

问题的症结找到了，但彻底解决却有些困难，我只能将情况反映给她的班主任，由班主任去联系叶雪的父亲，希望他能够承担起对女儿的责任，帮助女儿彻底走出情绪的困境。希望她将来有机会和父亲相认，和父亲消除隔阂，找回久违的父爱。

在教学中经常会遇到来自单亲家庭的学生，如今单亲家庭和重组家庭越来越多，在这样家庭中长大的孩子能够身心健康吗？回答是能，但难度较大。

在一个圆满的家庭中，父亲和母亲对孩子的人生影响是完全不同的。

孩子在成长过程中，如果有父亲在场，孩子就会对男人的世界拥有更多的熟悉性和安全感。尤其对于女孩，有父亲陪伴长大的女孩，在青少年阶段和成年后都更能够和男性建立起健康的关系。而母亲的教养则会为她们提供一种榜样，让她们看到女性在和男性相处的过程中，什么样的言谈举止是恰当合适的。这些榜样的示范作用会在她们的心里建立起一种安全感。母亲还可以帮助男孩理解女性的世界，使男性发展出一种对女性情感和需求的敏感度，男孩与母亲的沟通，也间接锻炼了他们与女性的沟通能力。

而成长途中如果父母一方缺失，就容易导致孩子出现人格偏差。我们不说专业术语，只说我从学生那里了解到的，一个单亲家庭的学生就曾告诉我她所受到的影响。

由于父母在自己5岁时就离婚了，刘晴从小跟着母亲长大，母亲给了她全部的爱，尽可能去弥补单亲带给她的伤害，但是成长过程中父亲位置的缺失是个事实，导致成年后刘晴性格变得有点不好，这也是没办法的事。

敏感。大多数单亲家庭的孩子，内心都早熟，对于父母或者他人一举一动都特别在意，生怕自己做不好被嫌弃或者给别人带来麻烦。内心中也是喜欢莫名给自己加很多苦情戏，自己把自己折磨得痛苦不堪。

生活上独立，但内心脆弱。单亲家庭的孩子被迫过早地开始学会照顾自己。刘晴在生活中，基本上能靠自己的都自己完成，绝不麻烦别人。但是，看似独立的生活背后却是一颗脆弱不堪的心，以能干强势来掩盖自己内心的脆弱和自卑。

对未来伴侣、对爱情的期待都很高。由于从小父爱或母爱缺失，单亲家庭的孩子只能把缺失的爱寄托在未来的爱人和爱情身上。以为被人爱了就是全世界，既希望伴侣能给予自己父亲或者母亲般的爱，又希望伴侣给予自己爱情般纯粹的爱，这显然不现实。最后发现伴侣只是个普通人，不能达到自己的预期时，就会感觉失望甚至心情跌入谷底。

害怕被抛弃。刘晴说，她曾无数次梦见或者幻想伴侣的背叛、抛弃，内心一遍一遍地吓自己。小时候父亲的抛弃和背叛在心理上留下了深深的阴影，以致都不能全心全意地去信任他人了。

刘晴说的内心脆弱、自卑这一点，我特别能理解。一直生活在完整的家庭里，面对家庭的突然破裂，孩子是无法接受这个现实的，无法适应无父或无母的环境。特别是当看到同龄人与父母欢欢喜喜、幸福美满地玩耍、嬉戏的时候，孩子最容易想到自己过去的生活，而现在却物是人非，强烈的对比会让他们极易产生忧郁和自卑的心理。

寄语家长

单亲家庭怎样才能将对孩子的影响降至最低？本篇的寄语我想给各位家长看一个绘本故事，我要讲的所有道理，其实就是这个绘本故事所表达的主题：

谢谢你们依然爱我

我的爸爸妈妈曾经彼此相爱，我们总是在一起。每个周六的晚上是我们的"家庭之夜"，我们在一起充满了欢声笑语，这让我感到很幸福。

有时候我们一起玩游戏，有时候我们看电影、吃爆米花。不管我们做什么，我们总在一起。

但是，最近我发现我的爸爸妈妈不再彼此相爱了，因为有些事情发生了变化。有时候，在半夜，我会被父母的争吵声吵醒。我不知道他们为什么争吵，但是他们看起来很愤怒，并且我妈妈通常会哭泣。

每当这种事发生时，我总会把自己藏在被子或者枕头下面，希望他们的争吵声会消失。尽管争执和吵闹声越来越大，而且我还能听到妈妈的哭泣，但把自己藏起来还是让我感到安全。

爸爸妈妈看起来都很难过。他们彼此不太说话，我们也不再有"家庭之夜"。我甚至都想不起来，我们最后一次在一起欢笑时的时间。

有时候我发现妈妈一个人在她的卧室里悄悄哭泣，她看起来很孤单。我不知道能做些什么，好让她感觉舒服些，所以我拥抱了她，这个方法很有效，因为她停止了哭泣。

现在我可以肯定，我的爸爸妈妈已经不再彼此相爱了，因为爸爸已经收拾好他的东西，搬走了，现在他住在城里的另一个地方。当爸爸离开时，他给了我一个大大的拥抱。

他告诉我他爱我，并且我们很快会再见面。

这件事发生后，我感到很难过，有时候我甚至会觉得这些都是我的错。如果我是一个好的倾听者，或者我在学校表现得更好一些，或许爸爸妈妈会重归于好？

妈妈和爸爸不断地告诉我，这不是我的错，而是他们不再相爱。我相信他们，但是有时候，还是忍不住怀疑，这些可能都是我的错。

妈妈和爸爸对我解释说，当他们不住在一起时，他们反而会相处得好一些。他们对我说，他们是否住在一起不重要，重要的是他们会一直爱我，一直支持我。

他们说得太对了！自从爸爸搬走后，情况有了一些变化。

我的爸爸妈妈看起来不再像以前一样悲伤了，这让我感到很舒服，也很高兴。

尽管我和妈妈住在一起，但是我可以随时给爸爸打电话，并且我每周都会去看他，有时候我还会在他家住上几晚，非常有意思。我们会在一起玩游戏，或者一起读书。

总之，我们在一起充满了欢声笑语。

在特殊的日子，比如我的生日，爸爸会过来和我们一起庆祝。我们又有了"家庭之夜"，就像以前一样！我们在一起玩游戏，或者看电影，我们高兴极了，总是大笑不已。

虽然我的爸爸妈妈不住在同一个房子，但是我们仍然是一家人，并且我们在一起的时光总是特别珍贵。

现在我明白了，尽管我的爸爸妈妈不再相爱，但这并不意味着他们不再爱我，或者他们不再做我的父母。我和爸爸或者妈妈在一起的时光都很特别。虽然我们三个人不总是在一起，但是我们都看起来很快乐。争吵，终于结束了！

我的妈妈和爸爸依然爱我。他们还是会检查我的家庭作业，会轮流接我放学，有时候如果我有篮球比赛，他们还会一起为我加油助威！我爱我的妈妈和爸爸！他们是最棒的！

离婚有时候是不可避免的，但孩子不应该成为婚姻的受害者。在离婚后，家长不能减少对孩子的关注，要及时和孩子沟通，及时表达对孩子的爱，这样他们才能心理健康地成长，不然由此而产生的心理阴影将是一辈子的。

离异的父母一定要向孩子传达这样的信息：爸爸妈妈只是因为彼此不合适才分开，但对你的爱一直都在，从未变过。

学生中有不少人来自单亲家庭，应该说单亲家庭对孩子的影响还是很大的。这些学生普遍比较封闭、内向、不爱与同学说话，情绪较为敏感，或多或少都有一些心理问题。

父母离异带给孩子最常见的心理伤害就是不当的心理归因：孩子会认为是因为自己不够好，所以才导致爸爸妈妈分开的，越小的孩子越容易这样归因。于是，就会陷入自责、内疚之中，长此以往变得内向封闭起来，更严重的话，还会用一些方式自我惩罚。

离婚只是妻子离开丈夫，或者丈夫离开妻子，却不是孩子离开父亲跟母亲。所以父母双方在高中这一黄金补偿期要多关心孩子的心理与生活，给孩子补充心理营养，孩子的人格发展也会更加健康。

爸爸妈妈不缺位，父母之间越友好，孩子的内心就会越开朗、积极。父母双方都参与进来，让整个家庭形成良性动力循环，有父母给予的爱和安全感，孩子就不会变得那么敏感、内向，孩子的心理问题会在家庭系统的平衡中得以恢复。

爸爸妈妈彼此不再合适，但对你的爱永远都在。

这样就够了。

● 让孩子成为更好的自己

一、我认为应该怎样才是怎样：青春期自我为中心如何改变

李雨菲在心理咨询室中向我倾诉，她感觉自己正在班级中被孤立。

"她们（寝室的人）吃饭时都不会叫我一起，下了晚自习回到寝室聊天时也很少和我说话，班上同学好像也都躲着我，除了必要的交流外，都不怎么和我聊天。"

我问了她一些问题，在交流中我发现，她似乎并不是来解决问题的，更像是来寻求同情和安慰的。她很希望我能够认同她所说的话和所表达的感受，希望我批评她的室友或同学并安慰她。如果我的反应不符合她的预期，她就表现得急躁、不耐烦；而当我顺着她的思维时，她就表现得很配合。

这是一种比较以自我为中心的表现。

我的课代表刚好是这个女生的室友，我又从课代表那里了解到，她们并没有刻意去孤立她，她们尽量少与她接触的原因是觉得李雨菲比较自我，不容易相处。

班主任安排她为英语一组的组长，负责检查背诵，她却对另一个女生说，我不想背，也不想管，你去当组长。

大家住在同一个寝室，她每次用别人的纸巾连句谢谢都没有，就像用自己的东西一样。可别人偶尔用一次她的东西，她立刻就摆脸色给别人看。

不想和她聊天是因为她会滔滔不绝地说个不停，即使你想插嘴说上一两句，她也不会多听，而是继续诉说她的经历和想法，直到她把自己的话说完为止。而你在讲什么事情的时候，她如果想到什么会立刻打断你，直到她把自己的话说完为止。

李雨菲根本不在乎别人会有什么想法，她只想着自己的表达，无论跟她说什么，最后都只是得到一两句敷衍的评价，然后她就又开始了以自我为中心的表演。跟她说什么都得不到回应和关心，她只是滔滔不绝地表达自己，时间久了，大家越来越不愿意和她聊天了。

现在的学生太自我了，这是我们许多老师的共识。

不过，严格地说，"自我"是一个典型的心理学用语，其含义和我们日常所说的"自我"并不一样。我们日常所说的自我，指的是以自我为中心。

以自我为中心是青春期孩子普遍存在的心理特征，太过自我为中心的孩子会给自己造成负面影响，也会给家长和老师带来困扰。这类青少年认为自己的观点都是正确的，一切以自己的想法为标准，只想到自己的利益和感受而不顾虑他人的利益和感受，这其实就是自私的表现。

　　李雨菲喜欢 cosplay，父母也没有干涉，但她硬要要求课代表也陪她一起出 cos，去漫展。但课代表对 cos 并不感兴趣，家里父母也不支持。可是李雨菲完全不考虑这一点，放假期间天天找她，让她不胜其烦，又不好说重话拒绝。而令课代表感到惊讶甚至害怕的是：某天一打开 QQ，就跳出一张李雨菲伤害自己的图片，留言说就是因为自己不肯和她一起去漫展，她很难过，所以才这样做的。

　　吓得课代表赶忙向她道歉：对不起没有陪你一起去，对不起没有考虑你的感受，对不起没有在你伤心的时候安慰你。

　　后来才知道，李雨菲并没有真的自残，而是想用这种方式来达到自己的要求。这件事过去后，课代表当然再也不想与她走得过近。

　　青春期孩子所表现出来的自私，并不能一下子就定性为本性自私，更有可能是自我的一种过度表现。

　　以自我为中心在行动上有两种表现：一是为了自己的便利，强行安排他人去做对方不需要、不喜欢的事情；一种是自以为对别人好，擅自做主做了某件事，却完全不和对方商量。李雨菲的做法属于第一种。

　　需要注意的是，以自我为中心的人一般都没有认识到自己的行为在别人眼中是一种自私的体现，也没有意识到自己的行为给他人带来了困扰乃至伤害。帮他们认识到这一点，往往是促成改变的关键。

　　心理学中有一个叫做约哈里之窗的理论：

　　开放之窗（Open Window）：自己知道，他人也知道。

　　盲点之窗（Blind Window）：自己不知道，他人却知道。

　　隐蔽之窗（Hidden Window）：自己知道，他人不知道。

　　未知之窗（Dark Window）：自己不知道，他人也不知道。

	自己知道	自己不知道
他人知道	开放之窗 自己知道，他人也知道	盲点之窗 自己不知道，他人却知道
他人不知道	隐蔽之窗 自己知道，他人不知道	未知之窗 自己不知道，他人也不知道

约哈里之窗 Johari Window

那些以自我为中心的人，都处于盲点之窗内，他们不知道自己的行为是自私的、错误的，但别人却很清楚。所以需要想办法让他们自己也能意识到。

为此，我做了一个准备，下次李雨菲来咨询时，我让她以心理画的形式表达一下自己对于自己的评价。画的内容必须包括但不限于房子、树和人三种意象（H-T-P）。

她觉得很有意思，很快便画完了。画面中的太阳占据了构图的重要位置，线条圆润饱满，正在向外放射光芒，整体画面比较干净，没有纠缠不清的线条。说明她认为自己比较自由，少牵绊，无拘束，但换个角度也说明她较少为别人考虑。

"你觉得自己比较开朗、自由？"

"对啊。"

"那你想知道其他同学如何用心理画来评价你的吗？"

"当然想。"

看过了我展示给她的其他同学的绘画之后，她很茫然，又有些不知所措。其中有一幅画画了一只刺猬，很明显是说她就像刺猬一样会刺伤他人，让人不想靠近。

以自我为中心会带来许多负面影响。

它使我们错误地认识、评价人和事。对于一件事或者一个人怎样判断，自我中心者唯一的判断标准就是这件事、这个人是否按照自己的预期来运行和表现，如果不符合预期，那就一定是什么地方错了，而错的当然不可能是我。比如去医院看病，如果医生没有给我治好，那就是医生不尽责、不胜任，甚至不是个好人，但医学是有局限性的，医疗过程是有不确定性的，医学再强大至今也没有阻止过任何一个人的最终死亡。他只是觉得，只要结果不是自己主观想要的，那就是有人错，而他不可能错，那自然就是医生错了。

它还可能导致偏执。比如有些人，时常会感觉周围人在议论自己，注意自己的一举一动，但事实上别人真的那么关心你吗？更有甚者，他们认为以自己的一己之力就能够改变周围的人和事，周围的事物都应该是为我服务或针对我而存在的——这已经达到自恋的程度了。

我告诉李雨菲，正值后青春期的她，性格三观都还处于变动、形成中。自私也并不是通常意义上的自私，更不是不可改变的。但这种以自我为中心的思维方式，必须要改变。

我给了她一个一句话的解决方案，要求她在处理事情前能够随时随地想起这一句话。若能做到一学期，一定是一个同学缘很好的人；若能做到一年，就是一个有人格魅力的人；若能做到一辈子，那就可以当圣人了。我开了句玩笑，她也不好意思地笑了。

这句话就是：己所不欲，勿施于人。

我们再补充一下：己所欲，也勿轻施于人。

她很认真地点了点头。

📖 寄语家长

1. 培养孩子的换位思考意识

自我为中心主要表现为不懂得替别人着想，不了解也不考虑别人的感受，觉得自己就是生活的中心，大家都得围着自己转才正常，这的确让家长们很难办。这时候一味讲道理孩子肯定是听不进去的，最多敷衍地回应几句，根本不往心里去。

那么，该如何培养孩子的换位思考意识呢？

心理学到现在可以成定论的东西不多，但在实践中学习是最好的学习方式这一个结论是公认的。"我听了，就忘了；我看了，就记住了；我做了，就理解了"。讲再多的道理，也不如让孩子去切身体会，多经历事、多见人，体验多了，换位思考能力也就不难了。

具体而言，可以适当让孩子吃一些苦，体验一下生活中衣食住用行各个方面、各个行业的不易。比如我是老师，就可以带孩子从早读开始，体验一下一个老师的一天工作，从六点半起床准备早饭开始，到早读、正课、备课、批改作业、检查学生背诵情况，守晚自习，最后下班回家。家长从事什么行业，就带孩子体验什么行业，让他知道这个行业不为人知的那些辛苦。他应该就会有所触动，开始试着去理解、体恤父母了。

但这还不够，还可以带孩子去参加一些公益活动、爱心活动、社区志愿服务等，以身作则，借此教育孩子。至于公益活动，并不推荐去福利院、敬老院这样比较敏感的场所，最好是参加一些捐衣、捐物、捐书之类的比较小的公益。

要让孩子清楚：在大庭广众之下，把小姐姐叫成阿姨可能是对别人的一种伤害；在伤害了别人之后就不会再得到别人的帮助了；旁人没有义务事事为她做好；懂得换位思考，才能在社会上减少碰壁，建立起较好的人际关系。

2. 不盲目满足孩子的要求

父母在面对孩子提出的学习、生活方面的各种要求时，要仔细考虑，不能无条件地满足。有些事情几乎是不合理的要求，但父母出于对孩子的关爱，不忍伤害他的自尊心，便全都满足，其实这样做已经在无意中向他灌输了以他为中心的思想，让他无所考虑，只顾自己。

比如我们学校严格管控手机，尤其是智能机，但有些学生私下里以各种理由要求父母给自己提供智能机，这是在违反校规，是十分不合理的要求。但有些家长真的就给孩子准备了两台，一台用于检查时上交，一台留着自己使用，甚至还有准备三台的。而结果，孩子是不可能用手机学习的，只是玩而已。家长这样做，孩子怎么可能不以自己为中心？

3. 参加集体活动，丰富孩子的生活阅历

家长要让孩子多参加集体活动，培养孩子的集体意识，这是改变自我中心的重要途径之一。有的家长担心学校中的社团活动、兴趣班等会影响孩子的学习，于是不让他们参加。其实孩子参加学校组织的社团小组、兴趣班等活动，可以让他们更多地接触同伴，可以和同学们有良好的沟通。只有在人际交往的过程中，才能体会到别人的存在、利益和感受，关注到别人的存在和感受，才是改变以自我为中心的开始。孩子会渐渐明白，人和人之间只有互相尊重、理解了，才能更好地交流、合作。

除了学校中的集体活动，家长们还可以偶尔邀请孩子的同学朋友一起聚会、陪同孩子参加一些喜欢的兴趣活动、常与邻居互动来往等。

二、补偿的方向不能选错：青春期自卑如何超越

起初我是按照一般早恋来处理刚转入我班不久的罗绮的事情的。

她和班上的一个男生（刚好是她的同桌）分分合合五六次，已经严重地影响到彼此的情绪与学习，给班上其他同学也造成了很不好的影响。

但从她前班主任那里了解到的情况，又让我觉得事情似乎并不这样简单。前班主任说她简直就是一个恋爱脑，与谁同座就和谁谈恋爱，别看才高二，已经交过六个所谓的男朋友了，"恋爱"经验丰富。

"那她的成绩……"

"这正是令我们感到痛心的地方。对女生而言最头疼的数学，她每次考试成绩都没有出过年级前100，其他科目也不差。人是真的聪明，重点大学的好苗子啊，不想她就这么被早恋给耽误了。"

真正聪明却明知故犯，不断地去谈恋爱，这的确挺矛盾的。

前几天她过生日，从她寝室同学那里我又了解到一条情报，我觉得也许可以成为一把打开她内心的钥匙。

我找她谈话，说实话，我心里也很难将眼前这个容貌乖巧、衣着得体、说话

温柔礼貌的女生与渣女这个词联系起来。

"班中许多同学说你是一个渣女，你知道吗？"

她一愣，随即摇了摇头。

"你过生日时是不是收到了 3 个蛋糕、5 支口红和一件价值 800 元左右的名牌 T 恤？这应该不是一个人送的吧？"

她点点头。

"他们为什么送你这些呢？"

"他们想追求我。"

"你很坦诚，这很好。但你不是有男朋友吗？这些礼物你应该明确表示拒绝才对，为什么既不表示也不拒绝？"

她低下了头，无论我再怎么问也都不开口了。

如果不是偶然间想起一句话，可能罗绮这个学生的问题就真的被我错误地处理了。

"我本自卑。"

阿德勒说过，人类的所有行为，都是出于"自卑感"以及对于"自卑感"的克服与超越。

所谓自卑，是指个体在同他人进行比较后，感到某些方面不如他人，因而表现出软弱、沮丧、精神不振等心理不平衡状态。

有自卑感的人容易否定自己，对自己的性格、行为等感到不满意，对自我存在的价值感到困惑，对自己想做的事情缺乏信心。有些严重的学生甚至脱离现实，社会适应困难，其人格也难以健康发展。

我想起著名心理学家阿德勒对自卑情结的论述：

自卑感的表达方式有数千种。下面这个故事或许能说明这一点。有三个小孩，他们头一次去动物园。当他们站在狮子笼的面前时，一个孩子躲到妈妈的身后说："我要回家。"另外一个孩子脸色苍白、全身发抖地站在原地，说："我一点都不怕。"第三个孩子恶狠狠地瞪着狮子，问他妈妈："我能向它吐唾沫吗？"这三个孩子实际上都怕，但每个人根据自己的生活方式，以自己的方法表达了这种感觉。

——《自卑与超越》

自卑的表达方式并不一定都如人们通常所认为的那样：情绪状态不佳，害怕社交，胆小怯懦，也可能截然相反。

为了摆脱这种自卑，人们便在寻求变化与超越。人天生有种向上发展的心理，就如埋在土里的种子要钻出地面，沐浴阳光一样。所以，没有人甘愿长期忍受这种自卑感，他必然会让自己进入一种结束自卑的紧张状态中。即使一个人在改造自卑中气馁了，那么他仍会寻找别的方法，包括在精神上麻醉自己，使自己拥有一种"优越感"。

当然，由于这种优越感缺乏现实的基础，结果只能使其自卑感更加强烈。正是因为导致自卑感的根本原因依然存在，所以他采取的每一步都无异于自我欺骗。长此以往，他积累的所有问题会更加迫切地要求他来解决，他所面对的压力也会更大，自卑感也会更强。

……实际上，如果一个人觉得自己软弱，就会努力创造使自己"强壮"的情景，从而找到一种心理平衡。

——《自卑与超越》

自卑心理会让一个人感到焦虑，孩子会通过寻找某种"优越感"来补偿自己的情绪。女生在恋爱中是近乎公主、女王一般的存在，男孩子会想尽一切办法来讨好迎合女孩，她的话就是口谕，她的表情就是命令。在这样一种情境中，女孩的自卑心理不就被很好地弥补了吗？"假如他觉得自己不够好，他就会躲避到一个让他感觉良好的环境中去。"对于罗绮而言，这个环境就是谈恋爱，她以这样的方式来超越内心的自卑。这样她的行为也就都能解释了：为什么明知早恋影响学习还不肯放弃，又为什么早恋的同时还执着于学习成绩。

后来的调查证实了我的想法，导致罗绮产生自卑心理的有两个因素：她普通的家境和初中就读的学校。

她的家境比较差，各方面都远远不如同龄人的水平。而因为父亲朋友的关系，她初中得以进入一所著名的私立中学，那是大多数人眼中的贵族学校。父母以为是为她好，但却忽视了巨大的反差对她心理造成的影响。她的好成绩并不引人注意，不能给她带来安慰，她觉得自己格格不入。周末放假回家，别人都是私家车接送，她却要骑一个小时的自行车先到亲戚家，再从那里坐将近3个小时的中巴车回到家。

在周围那些青春洋溢、美丽大方的女生和身着名牌、帅气阳光的男生对比之下，她越发感到难过。她迫切想证明自己，她只有优秀的成绩，然而又发现即使取得了好成绩也不能怎么样。直到上了高中后，偶然间有一个男生追求她，她发现在恋爱中自己可以被像公主一样对待，可以不再自卑。她也知道，这其实是一种逃避，但还是甘愿沉沦其中。

虽然了解到了症结所在，但长久以来形成的自卑心理，不可能仅靠师生间的谈话交流就改变。然而遗憾的是，她后来转学去了成都，我们失去了联系。不知道后来的她有没有解开自卑的心结，真的很希望她能好好运用自己的天赋，考入理想的大学，收获一个美好的前程。

这个个案让我感触很深，我们父母对孩子心理上的关注，说实话，太少了。每个父母都想尽办法找尽机会想将孩子送到更好的环境中去读书，这本无可厚非，但却很少有父母想过，巨大的环境反差会给孩子心理上带来怎样的影响和冲击。

出身普通家庭、条件一般的优秀学子，在考入大城市中的高校之后，因为巨大的心理落差而自暴自弃的例子，在新闻中并不算罕见。在我个人的了解中，也有真实的案例。而这些心理上的变化，如果家长能事先注意到，加以正确引导或者去做专门的心理咨询，其实很大程度上是可以避免的。

还有就是学校的教育也应该承担起一部分心理教育的责任，比如我们语文，就不能仅仅注重文本的考点价值。我们讲《赤壁赋》，如果把苏子的达观精神也好好讲给学生听，陶冶学生们的心灵世界，是不是也可以在一定程度上避免这些负面心理的产生？

寄语家长

1. 了解自卑形成的原因

每个人产生自卑感的根源并不一样，产生的原因是复杂的，家长只有了解这方面的知识，才能更好地判断自己孩子的心理。

生理原因

一个人相貌、身材、体重、肤色等，都可能导致自卑感的产生。有些女学生常因为自己长相不够漂亮，或者身材矮小、体型偏胖、肤色黝黑等而感到苦恼、自卑；还有的女生甚至会因为脸上长有几颗雀斑而感到自卑。男生中，因为身材不够高大、长相不英俊、头发稀疏等而感到自卑的也大有人在。至于那些有先天性生理缺陷的人，如聋、哑、盲、肢残等，存在自卑感的现象就更普遍了。

性格问题

有自卑心理的人，性格都比较内向，自尊心强，自信心不够，容易因一时的失败而灰心丧气，甚至自暴自弃。有的人烦躁易怒、焦虑，无法安下心来学习。他们看到别的同学学习成绩好，组织能力强，很羡慕，希望自己也能那样，但性格与能力并不是一下子就能改变的，为此他们自我烦恼，并深深自卑。

成人的贬抑性评价

父母是孩子第一任老师，老师是学生心目中的权威，因此，父母与教师对孩子的评价都会对孩子产生巨大的影响。特别是贬抑性的评价："你怎么这么笨""我怎么生出你这么个孩子""你这辈子就这样了""猪脑子啊""就你这样的还学什么习，早点滚回家打工去吧"，等等，都可能严重挫伤孩子的自尊心，使他产生自卑感。

个人生活条件的不如意

有的青少年因为家庭经济条件差而感到自己不如他人；有的因为父母职业问题而感到自卑；有的因自己没考上重点学校或不是重点班的学生而感到低人一等；有的因自己家住在偏僻的农村而从不在别人面前谈论自己的家庭情况。

经常遭受失败和挫折

这是导致自卑感产生的重要原因。失败和自卑，往往如影随形，互为因果。失败可以引起自卑，自卑又会增加失败。所以，经常遭受失败和挫折的人，自信心会日益销蚀，而自卑感也会日益严重。

2. 引导孩子正确利用心理补偿机制

希望超越自卑而付出努力，这种意愿是好的，但方向我们要选对。

一个人因为某种原因而感到自卑，正确的补偿方式应该是"扬长避短"：用成功的光辉来释化掉心中自卑的阴影。

对于那些经过努力后仍难以有长进的方面就放弃它，有意识地积极寻觅发现自己的优势，找到自己的长处，磨炼自己的长处，在某一方面取得令人动容的成绩，"失之东隅，收之桑榆"，这样自然就会自信起来。就像案例中的罗绮，有那么好的头脑，那么好的基础，不在学习上取得优异成绩，反而去早恋，通过这样的方式来超越自卑，绝对不是正确的方法。

所以，家长要引导孩子的方向，纠正他的价值观，通过正确的扬长避短来战胜自卑心理。

3. 帮助孩子进行正确的自我评价

形成自卑心理的一个主要原因就是不能正确地进行自我评价。自卑感虽然是一种感觉自己不如他人的心态，但实际上自己并不一定就真的比别人差。尺有所短，寸有所长，要对自己的长处和短处进行客观的分析评价，把别人看得十全十美，把自己看得一无是处，这本身就是不客观的。

4. 注意对孩子的说话方式，消除引起自卑感的外部刺激因素

前面说过，成人的贬抑性评价是使孩子产生自卑感的一个常见外部刺激因素。因此，父母和教师不要轻率地评价孩子与学生，尤其不要随意贬低他们的能力或品质。从个人角度说，对于来自外部的贬抑性评价不要轻易接受，因为那不一定就是事实。此外，还要学会把贬抑性的评价化为自己向上的"动力"，看作是对自己的警醒和督促，这样能防止自卑感的产生。

5. 鼓励孩子积极与他人交往

自卑者多数孤僻、不合群，自己把自己孤立起来。心理学研究认为，当一个人独处时，心理活动就容易向内转，关注的范围会变窄变小，只在某几件事、某几个问题上纠结。而在与人积极交往的过程中，注意力会被他人所吸引，心理活动就不会局限于个人的小天地里，性格也会变得开朗。此外，通过与人交往，进

行比较，就能正确认识到他人、自己的优缺点，从而正确认识自己，调整自我评价，减少自卑感。

三、想被人羡慕有什么错：青春期虚荣如何改变

姜南是班中的一个"奇人"。

他说自己的血型是极为罕见的熊猫血（Rh 阴性血）；

他说自己从小学习武术，在上高一时就已经通过了国家的武术考级，目前是武英级；

他说自己是一个军事宅，有着十分深厚的军事知识；

他说自己有人格分裂，也许有五种人格隐藏在自己的身体里；

他说自己有一张信用卡，专门用来存亲戚们给的零花钱，因为数额巨大，目前被冻结了……

审视这些言论，会发现其中的共同点，那就是让说话人变得"与众不同"。

这些话显然不可能是真实的。

同学问他怎么知道自己是熊猫血，他说那是两年前在社区献血中得知的，可是那时他未满 18 岁，是不能献血的。

武英级运动员什么概念？就是李连杰、张晋这种概念的。一个未满 18 岁的高中生是武英级，这怕是小说中才会有的设定。

而信用卡因数额巨大被冻结，在他借同学 20 块钱分 4 次才还完的行为面前也不具有任何的说服力。

他为什么在同学面前说这些，让自己显得高人一等呢？"中二"这个词已经不适合解释这种行为了，这背后应该藏有一种心理：虚荣。

一些心理学研究将虚荣这种心理归纳为具体的十余种表现方式：

①喜欢谈论有名气的亲戚朋友或以与名人交往为荣；

②热衷于流行、名牌；

③购物时喜欢摆阔;

④不懂装懂, 好为人师;

⑤热衷于追求一鸣惊人的效果;

⑥对名著、影片只要一知半解, 就夸夸其谈;

⑦喜欢表现自己, 尤其想在人多的时候露一手;

⑧喜欢掩盖自己的过失;

⑨对表扬沾沾自喜, 对批评耿耿于怀;

⑩表面热情, 内心冷淡, 讨好别人;

⑪追求女性时不考虑自身条件, 却很要求对方的长相、门第;

⑫很看重面子。

其实不止姜南, 青春期的孩子经常有人表现出上述情况。

班中有一个叫楚嫣的女生, 是英语课代表, 常常在英语自习课练习听力的时候, 将单词写在黑板上, 自己教大家读, 却不放录音。她的发音本就很一般, 其实即使是老师, 也未必就能及得上标准录音中的发音, 但她却乐此不疲, 一边敲着黑板, 一边说这个单词要这样读, 听懂了吗? 会发音了吗? 直到有同学忍不住喊,"可以了, 放录音吧, 录音比你准", 这样的"闹剧"才结束。

她还很喜欢请客, 然后请客之后, 会一一计算好向同学把饭钱都要回来;

她喜欢谈论各种名牌化妆品、奢侈品, 说自己的理想是实现 LV 自由;

她说自己有一柜子的汉服, 每一件都价值上千, 然而她却连汉服的基本知识都不了解。

人们通常的印象中, 虚荣是个很不好的概念, 虚荣的人性格问题一定很大。但在青春期的孩子身上, 虚荣其实没那么可怕, 也没那么严重。

首先, 每个人都多多少少会有一点虚荣心。我们都有从众的心理, 都希望有归属的感觉, 不愿被边缘化。比如大家都用智能机, 而你没有, 你就会觉得和别人不一样, 一旦你也使用智能机了, 你就会感觉融入了大家。虚荣心在一定程度上会满足人的一些归属需要，所以每个人都会有一点。

其次，虚荣心满足了我们的一种心理需求，即：我独特；我配得上；我优越。从心理角度看，有虚荣心的人需要获得的往往就是这三种体验。

再者，特别强的虚荣心其实是一种补偿，补偿自己曾经的自卑或羞耻。当同学们都有私家车接送，只有我被爸爸的电瓶车接走时，我就会觉得羞耻，怕人看到，还会把这种怒气转移发泄到父母身上。而当我成年工作以后，可以买私家车了，我多半会选择那时候出现在我眼前最多的款型，当我坐上这辆车时，我会忍不住想炫耀，因为这是对我那时自卑、羞耻的补偿。

一个人在小时候是没有虚荣心的，进入青春期后，随着生理和心理上的成熟，在社会认识与自我意识方面也逐步提高，开始了个体的社会化，自尊心也随之充分发展，并明显增强。伴随着自尊心的发展，虚荣心才开始介入。

处于后青春期的高中生，其虚荣背后的需求，大多就是想获得我独特、我优越的心理体验。而当其他实现途径（比如说学习）很困难的时候，编织谎言就成了最简单的手段。

📖 寄语家长

1. 告诉孩子虚荣的危害

虽然青春期孩子的虚荣并不是真正意义上的虚荣，但如果不加以节制和引导，也是会造成不良影响的。

一直虚荣下去会导致心态的变化。如果自己一厢情愿地相信自己所编织的谎言，拒绝承认现实，就会在别人追问时制造更多的谎言来自洽，产生认知偏差。就像有些网红坚持认为直播中美颜的自己才是自己真实的样子，而现实中长相普通的自己并不是自己。这就是否认现实，沉溺幻想。

虚荣是追求认可与关注，从别人崇拜、艳羡的眼光中获得价值感、优越感。可是现实中自身的条件和生活都不可能使虚荣心得到满足的话，就会滋生愤懑、压抑等负面情绪。久而久之，一定会影响到学习和人际关系。

2.帮助孩子树立正确的价值衡量标准

要打破虚荣这个虚幻的谎言，其实很简单——换个评价标准。

《论语》中有这样一句："子曰：衣敝缊袍，与衣狐貉者立，而不耻者，其由也与？"

孔子说，穿着破旧的丝棉袍子与穿着狐貉裘的人站在一起，不觉得惭愧的，大概只有仲由吧！

不羞耻就不需要补偿，当然也不会产生虚荣之心。可是为什么子路就不会觉得羞耻呢？

一般而言，自己穿一件普普通通的衣服，到一个华丽的场所，和那些西装笔挺的人站在一起，立刻就会觉得自己很不安，仿佛低人一等似的。而那些翩翩公子们，也多半觉得你很低微。甚至有人说，服装定义了一个人。但孔子却以一种赞扬的语调说能做到这样的，大约只有子路了罢，表明这是一种很难得的心态。

生活中，常有这样一种心态：佛为一炷香，人为一口气。我不能让人家瞧不起、小看了自己，日子过得要让人羡慕。通常来说，我们把这形容为要强，有自尊，或者说是一种上进心，也没什么不好。但一旦这种心理得不到满足而又一定要满足的时候，虚荣就滋长出来了。

子路无愧，是因为子路衡量、评价成功的标准不是华贵的衣服、高高在上的身份，不是金钱、权力这些东西，而是君子的品德修养。

如果孩子衡量成功的标准是优秀的成绩、良好的性格，那还会在乎奢侈品吗？

这样，虚荣自然就不攻自破了。

四、真的不是借口，务必审慎对待：青春期抑郁如何走出

余悦因为作业的问题在班中被老师当面批评而突然大哭，大家都不知所措，没有完成作业被批评是很正常不过的事情。她的妈妈在校外陪读，知道后到学校给她请了假，带她去中心医院检查了一下。她回来后脸色很不好，用力将手中的检查结果揉成一团，塞进书桌抽屉中。后来，班主任来找她谈话，将揉成一团的报告找出来打开，上面清晰地写着结果——抑郁症。

我也是近来才知道，抑郁症距离我的学生有多近。中科院发布的《中国国民心理健康发展报告（2019~2020）》显示：2020年，中国青少年的抑郁检出率为24.6%，其中轻度抑郁17.2%，重度抑郁为7.4%。也就是说，每5个孩子中就有一个有抑郁倾向。

"心中的抑郁就像只黑狗，一有机会就咬住我不放。"这句话流行开之后，黑狗（black dog）就成了抑郁症的代名词。抑郁症是造成全球残疾类疾病的主要原因，但作为一种精神疾病，抑郁症这个概念更难被理解。到底是抑郁，还是只是正常的情绪低落？

几乎所有人都有情绪低落的时候，考试失利、与人争执，甚至阴天下雨都有可能导致情绪低落，有时甚至根本就是没来由的消沉、伤感，但这些很快就能过去。可临床上的抑郁症就不是这样了，抑郁症是一种医学上的情绪障碍，无法靠意志来改变，会持续至少两周的时间，会严重影响患者的工作、学习状态，行为能力以及情感生活。

余悦来心理室找我交流的时候，很长时间不说一句话，只是呆呆地看着窗户外面明媚的阳光，在我等了很久，想要开口问一些情况时，她突然说了一句："为什么是我？"

是啊，为什么是她呢？其实抑郁症的触发，很多时候与具体事件并没有多大关系。当一个人处在抑郁倾向的情境下时，任何事件都有可能成为它的触发点：朋友的一句责难，老师的一句批评，考试考砸了，走路被人撞了一下……生活中任何一件小事都有可能导致灾难性的后果。

抑郁症的具体发病原因至今也不是非常清楚，但可以了解到的是，它与以下几个因素有关：

遗传

抑郁症患者的家属患同类疾病的概率要远远高于普通人群，且血缘关系越近，患病的概率就越高。有学者认为，抑郁症的遗传方式是单基因常染色体显性遗传，不过也有学者认为是多基因的共同作用。虽然还不清楚遗传到底在多大程度上影响了抑郁症的发生，但临床的现象就是，如果父母一方有抑郁症，那么下一代患上抑郁症的风险会明显增加。

心理

如果一个人的心理素质较差，遇事悲观，缺乏自信心，习惯于自我否定，多疑担心，那么孩子罹患抑郁症的风险也会加大，因为这些性格特点会使心理应激事件的刺激加重。这些性格特征多是在儿童、少年时期所形成的，与家庭教养环境有关。

压力

对于学生来说，最常见的压力就是学业压力。因为担心考试、成绩、排名等原因，而使自己的精神长期处于持续紧张状态，就有可能诱发抑郁。

生化因素

大脑里一些神经递质或某些化合物的改变，是诱发抑郁症最直接的一个因素。从更微观的角度讲，抑郁症和以下几点有关：以血清素、去甲肾上腺素和多巴胺为主的某些神经传导物质的异常传递与消耗；生物钟节奏混乱；睡眠状况的明显变化；荷尔蒙紊乱。

很多同学很惊讶：余悦怎么会是抑郁症呢？她们都觉得余悦平时话也多，人也活跃，是个很积极的人。

我之前也这样认为，抽到她来办公室背诵《离骚》的段落，她背诵得很流畅，偶尔到了卡住的地方，就会一边抖抖手，一边说"老师等下，我可以的，我能背下来的"。然后就真的又接上了，直到背完。

当我这样表达我的疑惑后，她说："或许是因为各方面的压力吧，我常常表现出来的都是开开心心的，但常常会偷偷地在被子里流眼泪，我也不知道为什么，可眼泪就是止不住。可我越是这样表面开心就越心痛，越心累，有时也会莫名胸口痛，或许我恶心腹泻等都有一部分原因是因为抑郁吧。"

抑郁症有一些典型的表现：

1. 情绪低落

情绪低落是抑郁障碍的核心症状。表现为显著而持久的情感低落，抑郁悲观。轻者闷闷不乐、无愉快感、兴趣减退，重者痛不欲生、悲观绝望、度日如年。

在情绪低落的基础上，会出现自我评价降低，产生无用感、无望感、无助感和无价值感。认为自己能力低下，技不如人，什么事情都干不好。觉得自己没有用、对自己失望、对生活失望，甚至对未来绝望，感到生活的一切都很糟糕，看不到希望。

有些人会找原因，但是常常会归因为自己不好，于是觉得内疚，强颜欢笑去迎合别人，甚至担心自己的情绪会影响他人，在内心已经很绝望的时候，还要想办法调节气氛，逗别人开心。于是就形成了两面性，在知己朋友面前，低落压抑，无助绝望；可在一般人面前，却积极主动，微笑阳光。这种情形被称为微笑抑郁。

抑郁症每次发作持续至少两周以上，长者甚或数年。

2. 意志减退

积极的意志活动被抑制，生活被动、疏懒，不想做事情，也不愿和周围人接触交往。

常常独坐在一旁或整日卧床，疏远亲友，回避社交。严重时连吃、喝等生理需要和个人卫生都不想顾及，甚至发展为不语、不动、不食，称为"抑郁性木僵"。

严重的人会伴有消极自杀的观念或行为，当生活不再有丝毫快乐，就开始质疑生活的意义，开始质疑活着的意义。认为"结束自己的生命是一种解脱""自己活在世上是多余的人"，并会使自杀企图发展成自杀行为，这是抑郁症最危险的症状。

3. 身体症状

主要有睡眠障碍、乏力、食欲减退、体重下降、身体部位的疼痛等。其中，睡眠障碍主要表现为早醒，一般比平时早醒 2~3 小时，醒后不能再入睡，这对抑郁发作具有特征性意义。有的则表现为入睡困难，睡眠不深；少数患者表现为睡眠过多。

一个学生告诉我，余悦有一次和她一起去倒垃圾，走到篮球场主席台一侧时（这里位置很高）突然说，我好想跳下去。她以为余悦在开玩笑，就笑着说，那你就跳一回感受一下，结果余悦突然就扔掉手中的垃圾桶，跑去护栏，就要翻过去，吓得她赶忙冲过去拉住余悦。

余悦抑郁发作时会不分场合地大哭，可能老师正在讲题，而这道题她不会，就突然放声大哭起来，哭过之后会非常自责、内疚。

最后，余悦还是转学了，在转学前，她写完了语文课所留的作文，那是一篇记叙文，写一个女生在学校社团中工作的经历，最末一句是：好想要有光啊。

📖 寄语家长

1. 对抑郁症一定要有这样两个认知：第一，这是一种病；第二，这个病可以治好

抑郁症不是情绪不好，普通人会在生活不如意的时候感到抑郁，这只是一种正常情绪，过几天甚至过一会儿就没事了。可抑郁症患者会在一切都好的时候依旧抑郁，这是一种令人无奈的生理疾病。

是的，抑郁症是一种生理疾病，但是有很多人把它当作情绪问题。

甚至会听到人说"什么抑郁，我看就是闲的，去工地干几天活什么事都没了！""他（她）那么有钱，事业又成功，还抑郁？我看就是作。"

在很多人的认知里，抑郁症只是一种情绪病，所以大部分人一听别人得了抑郁症，就会劝她们"想开点儿""多往积极方向上看""调整好自己的情绪"。

抑郁症从来就不是想开点儿就能解决的问题，他们也不想整天沉溺在痛苦、消极的情绪里不能自拔，他们也想像其他人一样谈笑自如，可这并不是一件能轻易做到的事情。

不是因为想不开而得了抑郁症，恰恰相反，是因为得了抑郁症才想不开。这个因果顺序，家长们必须要清楚。

理解了第一点后，也不必惊慌失措，抑郁症是可以治好的。该去医院进行专业诊治就去医院，该吃药就吃药，该运动就运动，孩子是可恢复正常的，尽管过程可能会很辛苦。

2. 家长要对孩子多一些理解与陪伴

想要帮助孩子，首先要理解孩子，我们不能要求已经患病的孩子突然一下子"表现正常"起来。

"她（因抑郁症而休学）为什么不去上学而整天躺在沙发上看电视？"当家长看到他们觉得不顺眼的行为时，第一反应就是去指责。但当孩子的症状没有被理解而只是被指责的时候，行为上的改变是不可能发生的。这些指责是父母在发泄情绪，不仅对孩子没有帮助，反而会使情况变得更糟。要知道，孩子的"不正常"行为正是他们的症状之一。

抑郁症患者最需要的是陪伴。不要将孩子的痛苦与你平日里的情绪低落进行比较，也不要将他们所承受的困扰与常见的悲伤情绪相提并论，这些都会使他们对自己的病情感到自责。不要和孩子喋喋不休地说话，甚至在抑郁发作时可以什么都不要说，就只是陪伴孩子，让孩子知道自己不是孤独一个人。

绝大多数患有心理疾病的孩子其实都缺少家庭成员的情感支持。注意，仅仅关心孩子的衣食住行和学习并不是真正的情感支持。当孩子的情绪很少被父母关注，父母极少与孩子交流情绪、感受时，就会让孩子觉得我和亲人之间没有情感联接和依恋。当他在生活中遇到较多的压力之后，就非常容易感到无助和退缩，而这正是很多抑郁症患者的发病因素。

3. 要注意区分假性抑郁

在众多假性抑郁人群中，青少年所占比例最大，所以并不是孩子一闷闷不乐、沉默寡言、处于负面情绪中，就是得了抑郁症。家长们要注意区分一下。

真的抑郁症和假性抑郁最大的划分标准就是持续性——假性抑郁持续时间较短，一般不超过两周，而且前期的积累过程较短，多是突然因为某件应激事件而产生的抑郁情绪；而真的抑郁症，必然是前期有着长时间的负向刺激与影响，不断累积，最终因为某件事情而爆发，情绪低落会持续至少两周以上，思维长期处于一种消极状态，对身边事物缺乏兴趣。

还有一些学生会假装抑郁症来逃避考试、逃避学习，这种情况也要注意。

最后，愿所有身陷抑郁的孩子都能很快摆脱抑郁的阴霾，重拾生活的微笑。

第三章

陪孩子面对压力
——学业与高考

● 压力下的情绪障碍

一、考试焦虑：平时很好，一考就糟

高三正式高考前，会有三次诊断性考试，其中二诊考试的模拟难度最接近高考，所以也最被师生重视。袁佳辰就是在二诊成绩出来后不久找到的我。

"赵老师，能给我讲讲作文吗？"

她直言不讳地说自己的语文老师所讲的作文知识毫无用处，她的二诊成绩不好，自己很着急，不能再浪费时间了。她通过作文提高班的同学知道了我讲的内容，便大胆来找我。我说可以，咱们这顶多算不给同行面子。

在讲作文的过程中，我发现，她的基础扎实，理解力很好，态度也认真，这些完全是学霸的标配，怎么会二诊考那么差呢？她说因为自己考试焦虑。平时的小测验、月考还好，只是有些紧张而已。但每逢大考，就会在考试的前一天晚上失眠，往往要到下半夜两三点钟才能入睡。醒来又会因为睡眠时间过短而精神不振，头脑混乱。考试时心情急躁，手心出汗，注意力难以集中。一堂下来，要去许多次卫生间，令监考老师误以为她要作弊。

"每次大考都会这样？"

"差不多。"她点点头。

"那平时听课，听不懂的时候会焦虑吗？"

"完全不会，平时大概是老师用 Wi-Fi 的速度讲，我用 4G 的速度听。"她开了个玩笑。

听她的描述，的确属于考试焦虑，这是高中生，特别是高三学生身上比较常见的一种现象。据调查，高三学生的考试焦虑大约三分之一属于高焦虑，需要得到缓解，不然会对考试产生不良影响。

焦虑这种情绪，是一种紧张不安，甚至带有恐惧感的情绪状态。心理学家弗洛伊德曾将之分为三类。

现实 / 客观性焦虑：主要由现实中客观存在的压力而导致的，如升学、就业、择偶等。

神经性焦虑：不仅对特定的事物会发生焦虑反应，甚至任何情况都有可能引发焦虑反应。

道德性焦虑：因为行为违背了社会道德准则而引起的内疚、自责等情感所引起的情绪反应。

考试焦虑属于第一种，是指在考试这一特殊情境的刺激下，一种以担心、紧张或焦虑为特点的情绪状态，是一种极为普遍的消极情绪反应。

严重的考试焦虑通常会有三个方面的表现：

身体异常：失眠、头痛、恶心，甚至呕吐、面色苍白、食欲减退、频繁小便等。

心理异常：紧张、恐惧、注意力差、情绪抑郁、过度夸大失败后果，常有大难临头之感。

行为异常：拖延时间、坐立不安、手心出汗，常草草作答，匆匆离开考场。

严重的焦虑的确会导致某些考生在考试过程中发生呕吐、晕倒等现象，至少我就亲眼在监考中看到过。"考吐了"，有时还真不是一句玩笑话。

曾在一次监考高考时，我作为场外老师陪同一名男考生去卫生间，他洗完手后对我说，老师，我很紧张，手抖，拿不住笔。我安慰他，没事，就算这次考不好，还可以复读的，还有机会，结果他说，我就是复读生。

袁佳辰的班主任是一位能以手指作图而闻名年级的数学老师，与我在同一个办公室。从他那里我了解到，袁佳辰的确是一个基础很好又很用功的学生，知识点掌握透彻，无论老师怎么提问都能一一回答，绝不是那种不懂装懂、似是而非的学生。也的确有在考试前紧张的毛病，尤其是大型考试，很影响她的发挥。对此，班主任常常劝她要放松，不要把名次成绩看得太重要，要以一颗平常心对待，但似乎没什么效果。

高三学生的考试焦虑多半是由于高考压力带来的，这点没什么异议。但考试焦虑是一系列内外因相互作用下的共同结果，比较复杂。

外因

1. 父母

父母普遍有一种补偿心理，希望通过子女来实现自己的愿望，这一点我们在前面已经详细讲过了。因此，父母常常会按照自己的意愿干涉孩子的选择，在学习上不断施压。

2. 老师

老师对成绩好的学生会更加偏爱，有更多期待，而学生也很重视这点，非常希望能够考出好成绩以回应老师的期待，不然就会担心失去老师的关注。这种心态也会给学生增加压力。

3. 群体效应

学校普遍将分数视为衡量学生能力的唯一指标（这也是没办法的事情），所以大家都在追求更好的成绩。同学之间存在竞争，也内卷，你下自习不走我也不走，比赛看谁学的时间长，久而久之，就会积累起无形的心理压力。

内因

1. 自我期望过高

为自己设置的目标过高，超过了自己的能力，当感觉自己力不从心、考试成绩达不到期望时，紧张和焦虑的心态便油然而生。比如一位同学现在成绩是年级700名，希望期末能冲进年级前100。他很努力，但仍然实现不了目标，不合实际的目标成了一个负担，几经"冲锋"无效，焦虑便产生。

2. 知识点掌握不牢

这是导致焦虑的直接原因。知识上有欠缺，信心必然不足，总担心考试试题与自己掌握的知识不相符，会的没考，考的不会，结果必然导致高焦虑。

3. 过去考试失败经验的影响

如果将过去的考试失败归因为自己不聪明、没能力，久而久之，就会对自己失去信心，面临下一次考试时就会倍感焦虑。

4. 考前身体状况不好

比如生病、失眠、过度疲劳等导致体能上状态不佳，也容易引发焦虑情绪。

造成考试焦虑的原因当然还有很多，以上仅是列举了几点主要的、常见的原因。

随着讲课次数的增多，袁佳辰不再那么拘谨，话也渐渐多了起来。一次练习后，我问她想报考哪所大学，她的神情黯淡下来，说自己的兴趣是语言，想做一名语言学家，出国交流，想考的专业是对外汉语。但她的父母很不理解，觉得语言这东西太虚了，希望她务实一些，选择财会、金融一类的专业，最好是师范，女孩子以后当老师是个很好的选择。

"所以，他们不支持？"

"非常反对，吵了好几次，最后我爸妈说除非我能考上双一流的相关院校，不然就学费自理。又或者，我改主意。"

学费自理和没书可读差不多同一个意思，这是父母给她的最后通牒：不改志愿的话，要么考上双一流，要么就无书可读。

这大概就是她的压力源所在。

我把情况反映给她的班主任，班主任将她父母请到学校，我们一起进行了一次交流。虽然在袁佳辰的志愿问题上还是没能取得一致，但当务之急是消除她的考试焦虑，在这点上我们达成了一致。

她父母告诉她，之前那些话赌气的成分很大，哪有父母会不让自己孩子读书的呢？他们向她保证：无论考到哪里，无论考上怎样的学校，都会全力支持她完成学业。她只要全力以赴去考试就好。

袁佳辰起初还半信半疑，但在我和班主任的力证之下，父母的一再保证之下，终于点了点头，笑了笑。

"心结"解开后，焦虑的情绪便逐渐减轻。之后的三诊中，她进步很大，取得了一个比较满意的成绩。

📖 寄语家长

1. 孩子考试焦虑，既不要惊慌失措、如临大敌，也不能全然漠视，认为这是无病呻吟

心理学的研究表明，适度的焦虑是有益的，能刺激考生在考试中发挥出高水平。一点儿都不焦虑的学生反而容易大意失荆州，而过度焦虑的学生则会对自己形成一种抑制作用。所以要正确看待考试焦虑，不必如临大敌。

也不要简单粗暴地认为孩子这是在无病呻吟，是在为自己逃避考试找借口。考试焦虑是普遍存在的。我的班上曾有一个学生，在期末考试前打电话给父母，说自己考前焦虑，无法调节，最后的处理办法是父母来到学校将他接走，带去中心医院看医生。

所以，考试焦虑不是无病呻吟，是切实会发生的一种问题。

2. 与孩子一起分享化解焦虑的方法，并实践这些方法，这样既可以增进亲子关系，又可以有效缓解焦虑情绪

a. 充分复习

这条我们放在第一点来说，因为这是根本。考试焦虑固然有多种形成原因，但本质却是担心自己能力不够，考不好，如果知识点掌握得全面、熟练，就基本不会焦虑。像本案例中的袁佳辰，如果她的能力可以轻松考上双一流大学，那么即使是父母给予压力，也不会焦虑。

b. 说出来

考前和朋友倾诉，和同学一起花式吐槽考试，去操场跑上几圈，都能在一定程度上宣泄情绪，达到缓解焦虑的目的。况且倾听者的安慰、鼓励还可以给予你正能量，有助于找回自信。

c. 积极的自我心理暗示

积极的自我暗示、自我鼓励能唤起人良好的情绪，而消极的自我暗示则会使人产生不良情绪。

紧张时，可以默念"放松、放松、放松"；心情烦躁时，可以默念"平静、平静、平静"；在考试时遇到不会的题，就对自己说："这么难的题，我不会，别人多

半也不会。"一道难题花了很长时间终于解出来，就对自己说："这么难的题我都做出来了，这次一定可以考得很好。"总之，从各方面积极地暗示自己。这样做一张卷子，不论难易，都能够保持良好的做题状态。

如果在考场上过于紧张，还可以配合深呼吸来调节自己的情绪和紧张心理。

d. 纠正那些导致焦虑的、过分消极的认知

"上次考得好，这次肯定就完了。"

"这次必须要考好，不然就没脸见人了。"

"我是生物课代表，生物都考不好怎么当课代表啊?"

…………

这些认知都不对。考试只是对自己学习阶段性成果的检验，仅此而已，不要牵涉太多。同时要明白，只要平时有足够的努力和充分的复习，考试是一定能够合格的。即使成绩不理想，只要尽力了，也就没有什么可遗憾的了。

另外，如果父母对自己的期望过高，一定要让他们了解到自己成绩的实际情况，让他们有一个合理的期望。不要觉得不好意思，这样只会让自己的压力更大。

e. 极限思维法

拿出一张纸，逐条罗列可能会出现的最坏情况，然后一条一条审视，你会发现，即使是因考试而产生的最坏结果，也不至于达到无法收拾的地步。那就没什么好怕的了。

3. 注意自己的言行，不要无形中增加孩子的压力

有这样一件事：临近高考，因为担心学校的伙食不能满足孩子的营养要求和口味，于是爸爸自己开车数小时来到学校，自带炉灶，自带食材，午饭时间亲自为孩子烧菜炖肉。这的确是非常爱护孩子的表现，但你有没有想过，孩子吃了之后，心理压力大不大?

最后，要强调的是：实力才是消除焦虑的不二法门。

如果让老师去答学生的考卷，老师永远都不焦虑，因为考查的内容都装在心里。只有平时扎扎实实地去学习，熟练掌握每一个知识点，才能确保在考试的时候不会焦虑。平时下的功夫不够，再多的心理调节也是空谈。

天道酬勤，你永远可以做得更好。

二、黑箱心理：总是克制不住地往坏处想

月考结束，下午讲评试卷的时候，班中一个叫李季云的女孩来问我，答主观题时先用了蓝色笔，然后杠掉，又用黑色签字笔重新写的，会不会被扣分？我确认过她的答案都写在了答题框内后告诉她不会有影响，她似信非信地"哦"了一声，走开了。

上晚自习的时候，她又来确认这个问题，她觉得一定会被扣分的，这道题多半要得零分。我再次告诉她，主观题是由老师来阅的，老师会注意到你的修改，不会误判的，下次注意点就可以。可她依然在纠结，如果不能正常扫描呢？如果老师觉得她卷面不工整而不仔细看呢？

总之，结果怎么坏就怎么想。

最后，为了消除她忧心忡忡的不安情绪，我带她到扫描室直接找出了她的试卷，确认扫描无误后，她才放心地回去上自习，但经过这样一番折腾，自习时间也没剩多少了。

我想起上次涂机读卡时，也是她，有着同样的忧虑。机读卡上面的考号是必须要填涂的，否则不计成绩。她考完试后突然觉得自己没有涂考号，急得哭了起来。我告诉她，监考老师会仔细检查每一个考生的考号填涂情况，如果发现谁没填，就会提醒的。老师没有提醒你，那说明你应该是填涂了的。但她不这么想，坚持认为自己忘了填涂考号，而老师也一定是检查漏掉了自己，这次考试的成绩一定要作废了。我说这是校内月考，就算真的出现了未填涂的情况，也不会作废成绩的，只会提醒你下次注意。但她就是不相信，连晚饭也没吃。

无奈，我带她去找她的答题卡，结果她填涂了考号。她也觉得很不好意思，可每次一出问题，她又总会控住不住地朝最坏的方向去想。

这其实和一个心理效应有关：黑箱心理。

简单地说，就是当一个人对目前的状况不明确、缺少相关信息时，总是很容

易往坏的方面想。

几乎我们每个人都有一点这样的心理倾向：孩子没有按时回家，打电话又没人接的时候，妈妈就会想孩子是不是出车祸了？是不是被人拐走了？或者其他不好的事情。几个同事正在谈论什么，当你走近时，他们突然不说了，你就会想，他们是不是在议论我？

我们还可以再举一个比较有意思的、来自网络的例子：

她的日记：

昨天晚上他真的非常古怪，我们本来约好了一起去一个餐厅吃晚饭，结果我就去晚了一会儿——可能因此他就不高兴了。他一直不理我，我问他到底怎么了，他只说没事。在回家的路上，我对他说我爱他，但他只是继续开车，一点反应也没有。我不知道他为什么不再说我也爱你了。我们到家的时候，我感觉可能要失去他了，这真的是太让我心痛了。我决定要跟他好好地谈一谈，但是他居然已经睡着了！我只好躺在他身边默默地流泪，后来哭着哭着也睡着了。我现在非常确定，他肯定是有别的女人了！这真的像天塌下来了一样，啊，我真不知道我该怎么办！

他的日记：

哎，意大利居然又输了……

高三因为学习压力大，许多学生也会出现和李季云一样的、围绕考试而展开的黑箱心理：

因为某些原因错过一节课，那么这节课一定非常重要，自己再也赶不上了。只要一听到老师说今天测验，立刻满脑子都是"完了，没复习，肯定考不好"这样的想法，考试还没开始就已经焦虑上了，并会一直伴随到考试结束，考不好那是自然的。试卷刚一发下，就想自己肯定答不完，于是开始焦虑，结果越焦虑答得越慢，最后真就没答完。考后对答案，只要和别人的不一样，那就肯定是自己错了。总觉得自己做的题比别人少，总认为一次考不好就会次次考不好，自己彻底完了……

高考前，我曾问过她的志愿，她说要考河南大学的考古专业，读完本科就考研，然后就去挖文物。她对自己的未来规划非常清晰，是真的喜欢这个专业。但她又很消沉，认为父母一定不会支持她的这个理想。

"你和他们谈过你的方向吗？"

"没有，但他们不可能支持的吧，女生去考古，他们知道后肯定非常生气。"

"你都没说，怎么就知道一定不行？"

事实上，当她父母从我这里了解到她的志愿后，仅仅是困惑了一会儿：女儿的志向居然是考古？但很快就释然了：毕竟是孩子自己的学业，不是他们的，要以孩子的兴趣为主，只要她想学就行。真的是很开明、很民主的家长。她为此而忧虑了两个月，其实完全没必要。

黑箱心理仿佛写在了我们的基因中。事实上，即使我们已经了解了许多信息，也依然会倾向于往坏处想：我们首先就会怀疑这些信息是不是假的。

黑箱心理有其合理的一面：人类祖先在打猎的时候，看到一片草地，首先要想到草地里是不是有蛇或者其他危险，然后保持高度的警惕。那些不这样想、警惕性差的人就容易被咬死，基因也就没有传承下来。所以说，黑箱心理在一定程度上是自然选择的结果。

但适度的担心可以加强防御、减少风险，过度的担心就只会让人忧心忡忡、疲惫不堪了。学生在没有获取充分信息和理由的情况下就总是直接往坏处想，想到种种不利因素，把各种不利因素推导来推导去，推出的结论只能是失败。久而久之，还可能会形成自动化思维，失去信心，变得不敢尝试。由此而产生的焦虑、心理压力，都会严重影响到成绩。而这一切，都是自己施加给自己的。

这个案例最后也挺有意思的。高考前一周停课，自主复习。她来找我说她做了一个梦，梦见自己被一条黑狗咬伤了手臂，然后她去查周公解梦，结果这个梦对于考生来说是一个不好的预兆，可能会落地、考不上。虽然现在她的黑箱心理已经好了许多，但这个梦还是让她非常不舒服，让她不由自主地想，如果真的考不上大学，那该怎么办？

即使我不是弗洛伊德，这个梦也能一下子看明白：高考前的紧张与压力是这个梦的刺激源。校园中的流浪猫在梦中被她替换成了黑狗，因为狗比猫更具有攻击性。被狗咬伤，意味着潜意识中担心自己不能顺利通过高考。但告诉她这些不足以消除她的压力，也不能改变她的思维。

要用魔法打败魔法，于是我给了她一个积极的心理暗示，让她往好的方面想。

大概是天道酬勤吧，如今的她，正在历史悠久的河南大学中坚定又开心地追逐着自己的考古之梦，偶尔会发发朋友圈，分享一些自己的忧愁与喜乐。

📖 寄语家长

1. 鼓励孩子外向一点，多阅读一些积极的文学作品

黑箱心理和人的性格关系比较大，性格外向、积极乐观的人遇事一般不会总往坏处想，即使设想一下最坏情况，也只作为一种可能。但性格偏内向的人就不一样，思维容易进入死胡同，走不出来。

比如此刻你正站在冬天的原野里，想象一下未来这里会发生什么？有人会想下一个季节这里就是春天，万物复苏，生机勃勃。再之后夏天到了，这里绿草如茵，花团锦簇。可有的人就会想寒冬会越来越冷，这里的动植物都将冻死，最后什么也没有。

性格特质一部分是先天形成的，很稳定，你不能期待他一下子突然就从内向变成外向。但可以鼓励孩子试着外向一些，多参与一些同学间的活动，多用积极的视角去思考问题。让孩子多读一些格调明朗向上的作品，学着像作者一样去看待事物，比如苏东坡的这首《定风波》：

莫听穿林打叶声，何妨吟啸且徐行。竹杖芒鞋轻胜马，谁怕？一蓑烟雨任平生。料峭春风吹酒醒，微冷，山头斜照却相迎。回首向来萧瑟处，归去，也无风雨也无晴。

你看，苏东坡就很会选取思考的角度，他总是能在困境中看到乐观向上的一面，为什么我就不能像他一样看待事物？我也可以啊。

量变到质变，一点点就会改变负面思考的习惯，也就会远离黑箱心理了。

2. 了解越多，越不慌张

黑箱心理的形成条件是对某个事物的相关信息了解太少，因为缺少信息，所以胡思乱想。那么克服黑箱心理的一个有效办法，就是去主动了解相关信息，信息充足以后再去思考。

以上文中提到的学生心理为例：错过了一节课，就觉得肯定错过了最重要的信息，会影响成绩。那我们可以先把这种想法放到一边，去问问同桌这节课讲了什么，有哪些知识点，再去借学习好的同学的课堂笔记来看一下、抄写一下，还可以去问问老师本节课的重点是什么。这些都掌握后，自然就不担心了。

总担心自己考不上大学。那就去了解一下每年高校的录取率是多少，自己学校每年考大学的本科率、重本率分别是多少。再仔细研究一下前几年的高考真题，看看自己能做对多少，能拿多少分。有了这些信息，担忧自然就少了很多。

3. 告诉孩子，勇于行动

黑箱心理某种程度上是一种心理内耗：设想种种不良后果，瞻前顾后，犹豫不决。想在课堂上发个言，都要在心里挣扎一番。别人随口的一句话，就能揣测许久。越想越多，陷入无意义的思考中去，又累又不能解决问题。

行动，是解决精神内耗的良药。

"哎呀，没复习好，肯定考不好。"

我们先把这个念头放一边，直接行动，参加考试。考完后你会发现，好像成绩也没那么糟。许多你在考试前所顾虑的问题，其实考试时并没有出现。

总担心考不好会怎样，那就索性真的考不好一次，看看老师、同学、家长会有怎样的反应。然后你会发现，他们多半会帮你查找原因，鼓励你下一次努力，而不会打击你、否定你。所以考不好也没什么大不了啊。

与其坐在那里担心自己下一步是否会走错，不如大胆迈出第一步。

打破"黑箱心理"，去做，就能解决焦虑。

三、厌师厌学：知道这样不对却无能为力

升入高三，学生们搬进新的寝室，换了新的教学楼，新教学楼距离食堂和寝室都很近，十分方便生活与学习。在经过一个月的深度复习后，月考显示，几乎每个同学的成绩都有明显提高。但有个叫黎思彤的女生，英语成绩不进反退，拉低了她的总分。

她在高二时原本是英语课代表，基础扎实，态度认真，英语成绩每次都在120分以上。经过这一个月的深度复习，按理说即使没有进步，也不该掉这么多才对。而且，我发现她已经不再担任课代表了。询问原因，黎思彤有些犹豫，最后才小声说："我不喜欢现在的英语老师。"

从事教育的人都知道一句话：亲其师，信其道。如果学生和某一科目的老师关系良好，就会对该学科有很高的热情，产生较强的学习动机，进而取得不错的成绩。反之，则会对该学科产生抵触情绪，导致成绩下降。

心理学中的晕轮效应可以解释这种"爱屋及乌"的现象。

晕轮效应是说人们对他人的认知和判断往往只从局部、初步印象出发，然后再从这个初步印象扩散而得出整体评价，也就是我们常说的"以偏概全"。

一个人的某种品质一旦给他人留下非常好的印象，那么在这种印象的影响下，人们对这个人的其他方面也都会给予很好的评价。比如我们一旦认为某个人热情好客，就会进一步联想到他应该也友善大方、乐于助人等；看到她很美丽，就会觉得她也一定很温柔、很贤惠。反之亦然。

心理学家用两个班级的学生做过一个实验。上课前，工作人员向学生宣布，将临时请一位研究生来代课，接着告知学生有关这位研究生的一些情况。向一个班的学生介绍这位研究生具有热情、勤奋、务实、果断等品质，而向另一班的学生介绍时，则将"热情"一词换成了"冷漠"，其余不变。下课后，前一个班的学生与研究生一见如故，亲切交流。另一个班的学生却敬而远之，冷淡回避。正是这介绍中的一词之别，影响到了学生对其的整体印象。

这种由点及面、爱屋及乌式的认知方式，就像月晕的光环一样，向周围扩散，所以就被形象地称为光环效应 / 晕轮效应。

它具有以下三个特点：

1. 遮掩性

仅依据某个或好或坏的特征就认为这个人完美无瑕或一无是处，以偏概全，遮掩了真实的一面。恋爱中的男女这点表现得就特别明显。

2. 表面性

人的深层性格品质与外貌特征之间并无一定的联系，可我们却容易把它们联系在一起，总觉得外貌俊朗就应该是正人君子，笑容可掬就一定心地善良。这当然很表面。

3. 弥散性

对一个人的爱憎情感，还会连带影响到与这个人相关的事物上。

亲其师，信其道；恶其师，远其道。因为对老师的喜欢与讨厌而影响到对该老师所教学科的喜欢与讨厌，正是晕轮效应中这种弥散性特点的真实体现。

这种现象在学生身上并不少见，但出现在高三就会影响很大，必须尽快解决。

高三本是不轻易调换教师的，正常情况下，每一届学生都是熟悉的老师从高一带到高三的。黎思彤原来的英语老师因为请产假不得不休息，年级这才派经验丰富的唐老师接替。

我询问她不喜欢唐老师的原因，了解到：第一印象不好，他年纪偏大，不修边幅，不苟言笑，感觉很冷漠，黎思彤认为他只关心成绩不关心学生。和之前教她英语的陈老师相比，上课死板，只讲考点，不生动。另外感觉他常常针对自己，明明作业每个人都完成了，但他就只抽自己的作业来检查。上课提问也是，大家都准备了，结果就点她来回答。

黎思彤也非常清楚，高三了，不该因为老师怎样而影响学习，但就是做不到。这种矛盾又无形中加重了她的心理负担。

　　黎思彤对唐老师的评价中，晕轮效应很明显，只是她自己没意识到。她因为唐老师不苟言笑就扩大联想，进一步认为他性格冷漠，只关心成绩。至于针对自己，更是黎思彤的主观臆断。唐老师刚接手班级，对大家还不熟悉，不可能针对某个学生。

　　为了改变黎思彤的错误认识，我和唐老师做了沟通。在一次英语课上，他提议单词不过关的同学罚唱一首英文歌，然后又在几名同学的强烈要求下，自己也唱了一小段，竟然是阿姆 *Not Afraid* 中的一段说唱。这与唐老师平时不苟言笑的形象形成了极大反差，一下子就改变了他留给学生的固有印象。

　　这是他们第一次看到唐老师唱歌，这其实也是一种心理效应：首因效应。我们用首因效应来打败晕轮效应。

　　黎思彤从前的英语老师陈老师也找到她谈了一次话，告诉她高三学习的内容就是复习与做题，每节课都是知识点的重复，无论换成哪个老师来讲，都是如此。在高三如果还追求生动有趣的话，那就是浪费时间。即使还是她来带，也会变成和唐老师一样的教法。

　　见黎思彤有所触动，明显开始增加在英语方面的投入，我才将唐老师带班的一些细节告诉给她：唐老师带的第一届高三到了冲刺阶段，怕耽误学生进度，唐老师直接将自己的婚期推迟了一周；天气降温，班中有个学生没有被子，家长为他请假准备出校买，唐老师直接将自己家的新被子拿来给他用……

　　一个心中只有分数没有学生的老师，是不可能做到如此地步的。

　　由于本身基础就很好，奋起直追的黎思彤英语成绩提升很快，并再次成为课代表。随着接触的深入，她越发觉得唐老师是一位热爱学生、热爱教育的好老师。她也认为，这次经历是她成长中一次很好的经验。

📖 寄语家长

1. 重视孩子的厌师情绪，教导孩子不要过早地对新老师做出评价，而应该尽可能地与老师进行多方面的交流，加深了解

　　因为厌师而厌学某一科的现象其实挺常见的，很少有学生喜欢他全部的科任老师，总有喜欢和不喜欢的。只是当程度没那么强烈时，对该学科的影响不会很明显。如果程度比较强烈，就会影响很大。我曾有一个学生原本是数学单科的学霸，仅仅因为讨厌新换的数学老师，就不想学了，最后数学成了全班倒数，真的是从学霸沦为了学渣。

所以家长们要重视起来，不要以为只是一时的不喜欢，过段时间自然就好了。前面分析过晕轮效应，第一印象其实不一定准确，因此要教导孩子不要仅凭第一印象就过早地评价老师。可以先相处一段时间，多方面了解后再去评价，就可以很大程度上避免对老师产生讨厌情绪。因为你会发现，其实每个老师都各有所长。

2. 和孩子一起弄清楚厌师的真正原因

这里要注意一种情况：老师本身没有任何问题，讨厌老师所以这科学不好，只是学生为自己所找的一个合理化借口。换句话说，就是甩锅给老师。人是一种自我解释能力十分强大的生物，思维活跃的高中生更是能找到种种你意想不到的理由，来为自己的成绩不好开脱。所以要先分辨清楚。

在教学实践中，我总结出学生讨厌老师的原因通常有如下几个：

a. 对老师的第一印象不好，由此导致的晕轮效应；

b. 对老师教学方法的不适应乃至抵触；

c. 认为老师总是针对自己；

d. 老师区别对待优生和差生；

e. 老师喜欢动不动就请家长；

f. 当着全班的面批评乃至辱骂学生，毫不考虑学生的自尊心。

如果是第一种情况，家长可以先通过班主任或其他渠道，了解一些该老师关心学生的细节事件。这类事件每个老师身上都有不少，只要了解就一定会有。然后再以一种适当的方式传递给学生。注意，传递的方式一定要自然，不要刻意，这样才不会引起孩子的反感。可以在某次聊天中看似"无意"地引出该老师的相关话题，然后将这些事件顺理成章地告诉给孩子，改变他心中对老师的认知。

如果是后几种情况，要让孩子知道：评价一个人或一件事，正确的态度是"视其所以，观其所由，察其所安"，老师的行事方式也许不那么恰当，但老师的动机、出发点呢？是不是为了学生能提高成绩？如果老师的出发点是好的，那么就不该以偏概全，讨厌老师。

3. 对于真正行为品德恶劣的老师，不要容忍，直接举报，反映情况

不可否认，的确有一些老师行为恶劣，做出败坏师德师风的行为。

我的学生小金曾讲过她的初中英语老师：脾气很坏，经常辱骂学生，还会打女生。家长会前一天，老师没讲课，放电影《我是传奇》，因为是丧尸片，小金没敢看，就看自己的书《挪威的森林》。被老师发现，书没收，人叫到办公室，将她一顿教育之后，又让她打电话叫家长。电话中她说了句"老师在放电影，我不敢看，就看书了"。老师一把抢走手机："谁让你这么多话，说什么看电影！"

整个初中三年，小金的英语就没及过格。

对于这种老师，直接取证举报，让他们知道，教师行为规范，不是一纸空文。

四、勇敢追光：走出自我否定的恶性循环

"老师，那时的我，学习状态很差，觉得自己什么都做不好，就好像《人间失格》中的太宰治，怀疑自己是不是已经失去为人的资格了。"

这是小邹最后一次作文提高班作业开头的第一句话。

起初我对他并无多少印象，提高班第一次课后，他就换了一个黑色的商务软皮笔记本，专门用于完成我布置的作文。不同于其他上课的学生，每一次作业他都会一丝不苟地完成，并且严格按照要求，练习当堂所讲的每一个写作技巧。

一次月考前，他来办公室交作业时说，自己这一段时间感到非常疲惫，而且成绩一直没有起色，心情失落，怀疑自己。问如果可以的话，这次评语能不能写一下我对他的评价。

在这个时候感到怀疑失落其实很正常，因为正处于否定期。

高三学生的心理状态通常可以被划分为五个阶段：

激情期

9月，刚升入高三，环境中的一切都在提醒着高三这一学年的重要，学生们自己也非常明白这一年的意义。所以学习动机坚定又强烈，学习行为上表现得积极、勤奋，充满信心。这一状态可以持续到11月左右，几乎无须师长操什么心。

疲劳期

12月至次年1月，单调持续的高强度学习所带来的压力开始明显影响学生的身心状态。这一时期的孩子多表现为身心疲惫、情绪低落、喜欢独处、不想说话。这一时期，家长要积极改善孩子的情绪，不要因为生活小事与孩子争吵，不要着急。

否定期

3月，第一轮基础复习的作用开始凸显。一诊过后，成绩会明显分化，进步大的同学越发自信；但那些完全没有起色、甚至成绩不进反退的同学，则会对自己产生怀疑，否定自己，不知道能不能考上好的大学，脑海里一片茫然。这一阶段，孩子最需要的是来自家长的切实鼓励，恢复信心，坚定理想。

放弃期

4月，随着下一轮复习的开始，学习的时长、强度会持续增长，成绩之间的差距会更大。部分学生屡次努力无果后，会产生随波逐流、听天由命的放弃心理。

恐惧期

到了5月份，高考逼近，所有的孩子都会或多或少产生恐惧心理和焦虑心理，这是不可避免的。这一时期仅靠语言上的安慰鼓励收效甚微，需要切实可行的办法来缓解。

于是，我给小邹写了一些惯用的肯定性、鼓励性的话语，说不上应付，但也就是中规中矩罢了。

下次课，小邹有事请假了，他委托同桌用手机录下我的讲课内容，以便回来时听。我觉得有些小题大做，将讲义拿回去看一下就可以了。但同桌说他特别交代过，一定要录下来。他告诉我说，小邹曾经成绩不错，但进入高三后考好的时候不多，考差的时候很多。渐渐地，他觉得自己很没有用，没有学习能力，什么都做不好。别人正常作息，成绩还是很好。他很认真地改了两节晚自习错题，却发现白天听懂的数学题晚上又不会做了。

虽然也还在努力，但明显话越来越少，不愿被老师提问，也不想和同学交流。以前，两个人一起去吃晚饭的路上还会聊一聊游戏，调节一下，后来就什么都不说了。

失眠，记忆力差，说感觉自己离崩溃就只差一条若有若无的线。直到偶然间被拉去听了一次作文提高班的课，才有所改变。

我给他的评语对他很重要，给了他自信，他现在把作文提高班当成了一个寄托。也是这时候，我才知道，小邹是一个在高三学业压力下，自我否定很严重的学生。

高三沉重的学业压力会带给学生们心理上、情绪上许多影响，自我否定亦是其中之一，它的形成与以下三种因素相关。

第一，在过高、过严的环境中成长。

家庭环境中，如果父母对孩子长期要求过高、过严，要求成绩必须名列前茅，其他兴趣爱好也都不能落下。一旦孩子达不到他们的要求，就会被责骂，骂他笨、没用。久而久之，孩子产生了投射性认同，也觉得是自己不够好，习惯于否定自己，放弃自己的思想言行。

同样，在学校环境中，老师如果长期以批评、教训为主要教育手段，也会让有些学生形成习惯性的自我否定（特别是小学老师对小学生）。

第二，总是与优秀的人（或比自己强的人）做比较。

全班 50 人，他考了第三名，这本来是很好的成绩，但他却只看到比自己名次更高的一二名。在自己后面的人不去比，也觉得没必要比。比较标准设置得太高，结果只能是伤到自己，因为这样对比的结果总是"我比他差"。关注点始终在自己的差距时，就容易出现自我否定。

第三，自我评价过低。

心理学家认为，人的自我意识其实可以划分为两个方面：主我（I）和宾我（me）。前者是感受者与观察者，比如"我很伤心"这句话中的主语"我"；而后者是被感受者、被观察者，比如"我是一个自信的人"中的那个宾语"人"。主我会对宾我进行观察与评价。

后来又发展出更成熟的自我理论，认为个体自我概念包含三个部分：理想自我（ideal self）、现实自我（actual self）、应该自我（ought self）。我们分析青少年心理时，经常用到"理想我"和"现实我"这两个概念。

处于后青春期的高中生，他们的理想自我处于一个较高的水平，可是在现实考试中屡考屡败，现实自我的水平就会较低，从而形成自我评价的巨大落差。对理想自我的期待很高却无法达到，对现实自我很不满意却不能改变。于是在考试归因、自我评价时就容易给自己贴上负面标签，如"我是真的很笨，所以考不出好成绩""我智商很低，没有学习能力""我没有自信，什么事情都做不好""我一无是处"等，攻击自己，否定自己。

"没一种批判比自我批判更强烈，也没有一个法官比我们自己更严苛。"过低的、负面的自我评价，会令我们产生自我怀疑和自我否定的倾向。

自我否定的后果不容忽视，这种心态会直接影响到考试，结果就真的没考好，恰恰印证了自己的预期。于是就更加坚定了自己无能的念头，引发新一轮的自我否定，从而陷入一个恶性循环中去。

"我很痛苦，觉得自己很笨、一无是处，总是让父母、老师、朋友失望，同龄人都比我优秀。我知道我应该更加努力，也知道自己有很多事要做，但就是什么都不想做。即使逼着自己行动，否定的情绪也总如影随形，行动很无力。有时候都不想活了，觉得生活很没有意义……"

长期的自我怀疑和自我否定，会压抑自我的积极性，沉浸在消极情绪中不可自拔、迷茫、消沉、自卑、没耐心、易怒，有关生活的想法和感情都变得压抑。

我很后悔没有认真给他写评语，此后的每一次练习，我都很认真地分析他的作文，与他交流。

在最后一次作业中，他告诉我，第一堂课时，我用动漫《杀戮天使》作为导入，让他们找线索推理那个开放式结局的真假，然后讲解如何在议论文中运用推理思维。他很喜欢动漫，却一直被人说"高三了还喜欢这些没用的东西"，在我这里，他第一次了解到原来自己喜欢的东西也有价值。

还有他写的小说《礼物》被我作为范文在班上进行分析，让他相信自己有可以写好作文的能力。他开始在作文上努力，在语文上努力，终于成绩有了起色。未来虽然还很不明朗，但他至少已不再那么害怕。这本刚好写满的笔记本，会一直支持他走完剩下的高三时光。

这是最后一次作业，笔记本后面贴着一张便利贴，上面有一娟秀的小字：

谢谢赵老师和作文班的陪伴。

📖 寄语家长

1. 责骂、打击不是正确的批评，鼓励的作用永远大于否定

家长对子女有较高的要求和期待是很可以理解的，但能否完成期待取决于多方面的因素，孩子一旦没有完成，让你失望了，你会怎么做？

有些家长总有这样的认知：孩子经常被打骂，长大后会心理素质好，抗压能力强。于是：

"你说要你有什么用啊，养条狗都会朝我摇尾巴，你呢？"

"你就是扫把星，专门来克我的！"

以上基本是一个家长骂孩子的原话，最后连办公室里的老师都听不下去了。不是说不能批评，批评当然也有很重要的作用，在教育的过程中必不可少。但批评不是辱骂，不是人身攻击。

当孩子已经开始有自我怀疑、否定的倾向时，你的打击只会强化他的这些倾向，连仅有的一丝希望也没有了，他会离你心中的期待更远。如果孩子性格本来就倔强，那你的否定只会激起他的对抗：你不理解我，我就让你生气、愤怒，以此来报复你。最后两败俱伤。

2. 引导孩子，对自己正确期待，破除完美期待

古人说，"知人者智，自知者明"，先正确认识自己的基础与能力，了解自己

的界限在哪。然后正确对自己进行期待，把期待值适当降低，这样就能减小自我评价的落差，是避免自我否定的有效方法。

比如孩子的成绩是 60 分，那就先不要给他定个满分的目标，因为这跨度很大，很难实现。不如就先定个 70 分，这 10 分的差距就是前进的动力。与其一直盯着那个最终的目标，不如先走好眼前的每一步，不过高期待也就不会有太多失望。

3. 告诉孩子，要分清真假感受

有一点必须要清楚，许多时候我们的感受不一定就是事实本身的反映。如果把自己内心的感受当成了事实，那就很容易产生自我怀疑。

比如考试成绩很不好这件事中，什么是事实呢？

事实就是我考差了，因为我目前能力还不够，相关知识点掌握还不熟练，我需要深入学习这一方面。然而我们的内心感受却常常是：我考不好是因为我很没用，我就是会让人失望，会让人看不起，这不是能力的问题，是我自己的问题。

分清事实和感受才能正确归因，不要把所有的错误都揽在自己身上，莫名其妙地怀疑自己、否定自己。

4. 自我否定的反面是自我认同、悦纳自己

心理健康的一个重要标志是悦纳自己。

我不漂亮，但我并不会去整容，追求所谓的完美，因为容貌是我的一部分，现在的我是独一无二的，我接受我的样子，并且爱它。

我这次没考好，成绩糟糕，因为我对这次考查的知识与题目还不够理解，我的学习有问题，而不是其他任何外在因素导致了成绩不好。我不为自己找借口，我需要更好地调整我的学习策略。

我的家境一般，比不上很多同学，但我也很满足，因为我还是拥有可以容纳我的空间，拥有关心我的父母，我感到满足。当然我会期待一个更加宽敞的空间，但我也不会因为此刻的不完美而感到缺憾。

悦纳自我意味着：

a. 接受自己的全部，无论优点还是缺点，无论成功还是失败。

b. 接受自己的程度，不因自己是否做错了事而有所改变。

c.肯定自己的价值，有愉快感和满足感。

一个悦纳自己的人，在接受自己优点的同时，也了解自己的缺点，坦然地承认自己的不足。向上要好，不断完善自己，更加自信饱满地面对生活。

这是一种修养，也是一种难能可贵的品质。

● 压力下的学习障碍

一、过犹不及，改变不合理的认知

一个叫何其妙的女孩因为高考临近和学习成绩止步不前而感到压力很大，甚至有些焦虑。

她说自己高二上学期时成绩很好，而且感觉还没有尽全力。进入下学期后，名次也一直排在前边，还被选入了课改班。但在课改班的半期考试时，只勉强考进了班级前二十，她觉得以她的努力、付出程度，是不可能只有这个成绩的。既然没有，那就说明自己的付出可能还不够，于是越发刻苦地用功，除了吃饭和睡觉，几乎把所有能用的时间都用来做题和看书。然而令她始料未及的是，在非常重要的期末考试中，她的名次竟然比半期还要靠后。

她为此情绪变得非常不好，为什么付出会没有收获呢？

焦虑的心绪不可避免地影响到了她的学习：她说自己每天看似在听课，其实脑子里各种念头乱飞，听课的效果很差。学校刚刚举行过百日誓师大会，高考倒计时一百天的计时牌更是让她异常紧迫。说着说着，她索性呜呜地哭了起来，再也没有了刚到咨询室时的从容平静。

青春期的孩子们常常喜欢做出一副独立、冷漠，甚至有一点玩世不恭的样子，可内心深处，其实还是渴望被倾听、被理解的，并且，大多都很懂事。

起初，我以为这只是一个普通的因为成绩不好而感到心理压力的问题，在倾听之后，照常说了一些鼓励、宽慰的话。直到第二天偶然在食堂遇见她的班主任，班主任告诉我，能进入课改班的她成绩其实是很不错的。只是相比于其他同学，她对名次的变动、分数的升降更为敏感，一旦结果不如自己的预期，便会伤心痛哭，很难劝得住。上次的语文考试她考了 122 分，这已经是个很好的分数了，可她还是反复询问老师自己的缺陷在哪里，要如何才能提高语文成绩，并写了一份七八百字的反思总结。面对这样的她，班主任也是又心疼又无奈。

我回想了一下，的确，在和她的谈话中：

"怎么办呢？我不能对不起父母，我很努力地去拼了，但就是考不出应有的成绩，老师你说我可怎么办呢？"

"对，我知道自己想要什么，我有喜欢的城市和心仪的大学，我想只要我够努力，就一定可以去那里的。但现在这样子，我真的没有办法接受！我怀疑自己可能根本就没有读书的天赋，从前那些成绩也许只是运气好罢了。不然为什么现在的我明明比从前更努力勤奋，成绩却不进反退呢？"

她总在重复着一个认知：我很努力，可没有得到应有的结果。

她一直在很自律地进行着高强度的学习，这说明她有着很强的学习动机，而恰恰是过于强烈的学习动机让她产生了情绪障碍。她的动机中有一个十分鲜明且顽固的认知：付出就一定会有收获，努力就必须有回报。付出、努力越多，回报也必然越大。遗憾的是，这个认知虽然不能说错误，但并不合理。

我们会去做一件事，是因为背后有某种动机在驱动着我们。动机是一种内驱力，一种心理状态，可以激发并维持人的行动。可以说，没有动机就没有行动，可见动机的重要。

但是，凡事过犹不及。

如果一个人的学习动机过于强烈，对自我实现的要求与期待太高，也会引发一系列的问题：比如把分数和名次看得很重要，害怕失败。把学习看成是最重要的事，几乎全部时间都用在学习上，甚至到了废寝忘食的地步，从不或很少参加文体活动。长此以往，情绪上难以松弛，就会出现学习焦虑和考试焦虑的现象。也会引起注意力不集中、记忆力下降、思维迟钝等问题。严重一点的，甚至可能产生头痛、心悸、失眠多梦等问题。所幸，何其妙仅仅是出现了紧张、焦虑、难以专心等情绪上的问题。

过于强烈的学习动机通常由三种因素促成：

1. 过高的目标

有理想有目标是好事，可如果无视自身条件和现实状况，设置一个可望而不可即的目标，让自己无论怎样奋斗都无法达到或难以达到，就反而会使自己陷入焦虑与自我怀疑中。

2. 他人的强化

和没有学习动力的学生不同，学习动机强烈的学生往往会受到父母、老师的认可与支持，这恰恰对他们的行为造成了一定程度的强化，使他们看不到动机过强的危害，反而愈演愈烈。一般来说，严厉的家庭教养方式和父母的过高期望，容易导致子女的学习动机过强。

3. 不合理的认知

有些学生认为努力必然成功，对自己的要求也是只能成功，不能失败。一旦成绩没有达到预期，不会反思自己的认知，而会归因为自己不够努力，于是反过来给自己施加更大的压力。

何其妙过强的学习动机就属于此种，主要形成于她的一个不合理认知。

什么是不合理的认知？有哪些认知不合理？

提出过情绪 ABC 理论的心理学家艾利斯通过临床观察，总结出了日常生活中通常会导致情绪困扰甚至神经症的 11 种不合理认知：

1. 一个人应被周围的人喜欢和称赞，尤其是生活中重要的他人。

2. 一个人必须能力十足，各方面都有成就，这样才有价值。

3. 那些邪恶可憎的人及坏人，都应该受到责骂与惩罚。

4. 当事情不如意的时候，是很可怕，也是很悲惨的。

5. 不幸福、不快乐是外在因素所造成的，个人无法控制。

6. 我们必须非常关心危险可怕的事情，而且必须时时刻刻忧虑，并注意它可能再次发生。

7. 面对困难和责任很不容易，倒不如逃避较省事。

8. 一个人应该要依靠别人，且需要找一个比她强的人来依靠。

9. 过去的经验决定了现在，而且是永远无法改变的。

10. 我们应该关心他人的问题，也要为他人的问题感到悲伤难过。

11. 人生中的每个问题，都有一个正确而完美的答案，一旦得不到答案就会很痛苦。

何其妙的认知大致可以归入第 11 条，在她心中，这个正确而完美的答案就是努力必然有回报，越努力，回报就该越大。

其实正确的认知应该是：**努力并不一定就会有回报，但不努力，肯定没任何回报。**

目前只有帮助她改变这个认知，才能消除因之而产生的情绪障碍。

何其妙第二次来到咨询室时，我先和她假设了一种情境：你考上理想的大学后，大学里有个男孩子追求你，他对你非常好，但他完全不是你喜欢的类型，你也每次都拒绝了他的好意。这样过了一段时间后，他向你表白，让你做他的女朋友，你会答应吗？

"我当然不会啊！"

"但他不同意你的拒绝，他认为他对你好，你就必须做他女朋友。"

"怎么可能？凭什么他对我好，我就必须做他女朋友？"

"不错，那凭什么付出了努力，就一定会成功呢？"

看她有所触动，我又布置给她一个作业，去好好研读一下屈原、贾谊、苏轼、李广等这些语文教材中出现的历史人物，分析一下他们的命运及原因。

当第三次见面时，她表示虽然还不能一下子就彻底否定自己从前的认知，但至少已经放弃了对付出与回报之间关系的绝对化理解。而且她感觉，人一下子就轻松了许多。

"有一种如释重负的感觉。"她笑着说。

其实生活中，有许多看似正面、积极、影响颇大的理念，在仔细思考之下会发现，都未必合理。比如教育界几乎无人不知的这样一句话：别让孩子输在起跑线上。

初看起来无懈可击，如果起跑就已经落后，那后边又如何追赶？于是接下来的一系列报辅导班、补习班活动就顺理成章了。我看过对这个认知最简洁有力的反驳，是这样一句话：一辈子都要和别人去比较，是人生悲剧的开始。

仔细思考一下，"起跑线理论"其实已经预设了一个前提：人生是一场竞赛。既然是竞赛，自然就有对手。谁是对手？身边的同龄人。要比他们好，要比他们强，带着这样的认知，你很难再去倾听孩子自己的声音。人生真的就是一场竞赛吗？这要看每个人自己的定义，而不是被别人强行定义。你可以觉得是竞赛，我也可以觉得是一场旅行、一次远征、一种体验……

寄语家长

如果您的孩子也出现了类似何其妙同学的情况：孩子的成绩其实很不错，虽然还不是顶尖，但至少在前列。孩子也一直在认真学习，但却常常对偶尔变动的名次十分在意，常常在月考结束后向你打电话抱怨自己的成绩还远远不够好，语句中反复出现"我明明已经很努力了，可还是没有考好"一类的话，并因此感到焦虑、紧张、压力很大。

那么我们可以这样做：

1. 先别急着和孩子谈学习方法、策略之类的话题

考试出成绩后，考得不好，孩子打电话给你，其实首先是一种情绪上的宣泄：或是宣泄自己心中因为没有尽力而导致没考好的愧疚，或是别人明明没有我努力但为什么成绩却比我好的不平，又或者是付出了但没有得到应有回报的伤心，辜负了父母期待的自责……总之，很少是因为学习方法不对而想向你寻求帮助的，

至少，以我作为一名工作了近十年的一线教师的经验而言，几乎没有。

所以，如果你立刻就和孩子分析学习方法，你以为自己是在切实地帮孩子解决问题，但其实根本就是南辕北辙。孩子此刻是无心听你分析的，如果真的想改进学习方法，去找科任老师不是比打电话给你更有效果吗？

所以这个时候，只是倾听就好，让孩子自由地宣泄，并适当地安慰就好。

2. 和班主任或科任老师联系，侧面了解一下孩子在校的学习态度和行为

每位家长都会主动去联系班主任或科任教师，但这里面有一点要注意：

"王老师，这次考试，我儿子怎么考得这么差？成绩怎么掉了这么多？他以前初中语文都考好多好多分的。"

"王老师，打扰了，想了解下我儿子这一段时间的学习态度怎么样？有没有给老师您添麻烦？"

这两种说法，哪一种更好？

很明显是第二种。因为第一种所呈现出的潜台词，似乎有一种向老师"兴师问罪"的意思，这会很让老师反感。每个老师都有着很好的职业责任心和荣誉感，学生考得不好，他会比你还着急。我身边没有一个老师在自己教的学生考差了之后还像没事人一样，都会赶快找学生来谈话，分析原因。事实上，成绩的好坏，学生自己有很大的原因，老师教的都是那些内容，你有没有认真落实？为什么同样一个班，有的人就考得很好？

所以，尽量不要用第一种方式作为与老师交流的开场。

3. 与孩子进行一次深入的交谈，不要在电话中，而要面对面；不要在教室里，而在一个孩子比较喜欢、会放松的环境中

如果你已经了解到孩子在校学习很用功，成绩其实也很好，那为什么会有这样的焦虑？

如果你已经了解到孩子并不努力、敷衍塞责，所以考得很差，这是必然的结果。但是在电话中的难过表明孩子其实知道自己这样做不对，既然知道，为什么还不能改变？

也就是说，无论是哪一种情况，都说明有问题在其中，而问题的解决，有赖于你与孩子之间的深入交谈。

"孩子，你的语文老师不久前告诉我，说你在班中学习很认真，但是这次成绩却不太好……"

我建议最好以这样的方式来开始对话，因为它传递了两点信息：

我并没有在你不知情的情况下去了解你的成绩。

你的老师很关心你。

通过深入的交谈，了解到问题的症结所在，再与老师一起想办法解决它。如果是学习动机过强所引起的情绪压力，那么相关原因我们在前文中已有说明，是可以顺利解决的。

二、学习动机不足，找到成就感是关键

坐在教室最后一排的角落里，偶尔将椅子两脚着地，前后轻轻晃动身体，似乎在思考，其实在放松，可能在听课，也可能在神游，但从他游走的眼神与茫然的神色看，后者的可能性更大。他并不讲话，所以不会打扰到其他同学。经常趴在桌子上睡觉，被叫醒后毫无歉意地表示下歉意后，依旧是一副不以为意的样子。被提问永远不知道问题是什么，只有下课时，他才满血复活。

这就是高三学生杜海洋每天的日常，与周围恨不能一分钟当两分钟来学的同学相比，他明显没什么学习动力，并且似乎也没觉得有什么不妥。

如果说孩子的什么问题最令家长头疼，不爱学习绝对排在第一位。家长们可以为了监督孩子学习，放弃工作来陪读，每节课就坐在教室门外；也可以省吃俭用，变卖原有的房子去买学区房；担心孩子营养不够就自己亲自做饭送餐；担心孩子休息不好就在校外租房走读……种种付出，就只为孩子能够好好学习。然而即使是这样，孩子依旧可能没有动力学习，得过且过。

为此，班主任没少找他谈话，或动之以情，或晓之以理，但杜海洋总是半低

着头，偶尔回答一两个"嗯"。直至有一次，他感觉到班主任真的动了火，才回答说："我的情况父母都知道，他们说其实我很聪明，只是不肯踏踏实实静下心来学，我自己觉得也是这样。"

"那你为什么不静下心来学？你不知道这是高三吗？别人都在拼命！你看不到吗？还当自己是高一新生吗？"

但杜海洋认为，拼命学也无非就是为了考大学，可他在贴吧里听师哥师姐说，到了大学就是混学分混日子，什么也学不到。大学毕业后还不是一样的996打工人，每天都内卷，大城市房价那么高，工作一辈子也买不起。成功更多靠的是背景、资源、朋友圈，与其现在死读书做题，还不如多交一些朋友，多参加活动，锻炼一下能力。

从他这套并不新鲜的说辞来看，应该是对学习的意义认识不够，从而导致的学习动机不足、厌学。但我偶然看到他写的周记，却又发现并不是这样：

……

好友采折缤纷，置于冠上，状若酒醉，曰："今吾等聚于此地，本为忙里偷闲。此间之蜂蝶，固无升学之忧，唯有安逸之乐，吾等精于学业，何苦？古人云，百无一用是书生。非无稽之谈。天地之广，日月之高，何处不能容吾？"

吾答曰："非也！蜂蝶之乐，只为小乐，鸿鹄之乐，实为大乐。以学业为香，以事业为色，色香并存，自为君子也。古人亦云，万般皆下品，惟有读书高，可见学业之重。"

众人大笑，欣然归往，皆有所得。

他用并不很通顺的文言，表达了他对学习重要性的认识。这和他日常行为所表现出来的态度截然相反。甚至使用文言写作本身，也是一种不想人云亦云的态度。

他的内心深处，并不是不想学习。

人的心理有一种防御机制：当自己的某一行为在情感上难以接受，或者不能符合社会道德规范的时候，就会为自己寻找某些看似合乎逻辑的理由来解释自己的行为，以此减少内心的愧疚、焦虑。这被称为合理化机制。

合理化有三种表现：

酸葡萄心理： 把得不到的东西说成是不好的，用来丑化失败的动机。比如学生没有考上一流大学，就安慰自己，名牌大学竞争激烈，在那里要拼命学习还未必能顺利毕业。我在普通大学，轻轻松松读书就可以拿到学位证。

甜柠檬心理： 当得不到葡萄而只有柠檬时，就说柠檬是甜的，用来美化被满足的动机。比如娶了姿色平平的妻子，就说她有内在美；嫁给了木讷寡言的丈夫，就说他忠厚老实。

推诿： 将个人的缺点或失败，推诿于其他理由，甩锅，找替罪羊。比如学生考试失败，不承认是自己能力不够，而说试题太难或者老师教得不好，评卷不公或者考题超纲。

杜海洋的说辞"我很聪明，只是没有认真去学"，就属于推诿的表现。把成绩不好归因为自己的态度，而态度是可以改变的，所以他的潜台词就是：只要我改变态度，成绩自然就好了，由此获得一种心理安慰。至于读大学也没什么用的说辞，明显属于酸葡萄表现。读大学究竟有没有用，要读了才知道，怎么可能还没考上就先评价有没有用了？

"合理化"可以让人暂时缓解内心焦虑，但作用更类似于自欺欺人，长此以往，有害无益。

杜海洋的厌学，既然不是源自内心的抗拒，那又是什么原因导致的呢？

首先我们要知道，厌学心理是逐步形成的，一般要经过四个阶段：焦虑阶段、怀疑阶段、恐惧阶段和自卑阶段。

焦虑阶段

由于没有实现期待的学习目标而产生焦虑情绪。希望成绩进步，希望自己在课堂上得到老师和同学的尊重；回答老师提问时，希望得到老师的肯定；做作业时，希望自己能够顺利完成等。如果这些目标都不能实现，就会产生焦虑。

怀疑阶段

由于在学习上多次失败，对自己或老师设定的学习目标常常不能实现，进而对自己的学习能力产生了怀疑。怀疑阶段的显著特征是在学习上遭遇多次失败和挫折，每一次的失败和挫折都会引起情绪波动：怀疑自己的学习能力，失去学习动力和兴趣，产生一些如不满、冷淡、敌视等不良心理。但这个时候，如果有学习成功的机会出现，学生的学习信心是会恢复的。

恐惧阶段

在学习上产生了明显的障碍，真的认为自己学习能力低下，从而对学习产生恐惧心理，表现为上课听不懂、一听到学习就头痛、找借口逃避考试等。

自卑阶段

学生把学习上的失败完全归因于自己能力低下，以至于彻底失去了信心。一旦产生这种学习上的"心死"状态，就会导致自卑心理的产生。不但成绩上再难有起色，还会使整个校园生活笼罩在自卑的心理阴影之中。

综合各方面看，杜海洋目前应该正处于第二阶段，是可以恢复学习动机的。

改变杜海洋的关键是帮他找到学习上的成就感，制定一个符合他能力的目标。恰好此时学校举行有关校园樱花节的系列征文活动，班主任让他好好写一篇，我和语文组的评委老师提前说明了情况，将他的征文评为了二等奖（其实写得的确还可以）。为此，他果然自信了许多，对语文作文的兴趣明显变高。

在随后举行的阅读马拉松知识竞赛前，我给了他一本《老人与海》，要他提前读完，书的扉页上贴着一张便利贴，有班主任写给他的话：

"失败"这个词还有另外的含义，即是指人失去了继续斗争的信心，放下了手中的武器。——王小波

阅读马拉松真正开始时，杜海洋发现指定的阅读书目并不是《老人与海》，而是《解语——语文老师教给青少年的论语课》。但他明白了我们的意思，开始专心阅读，然后认真回答80道竞赛题目。凭借着高度的专注和认真的记忆，他赢得了优胜奖，并为班级带回一个"书香班级"的荣誉。

这一刻，我相信他真的找回了自信。

寄语家长

1. 了解导致学习动机不足的因素，对症下药

同一个班的学生，有的学习热情始终很高，有的时高时低，有的则在较长一段时间里都比较低。同样的老师教同样的内容，为什么会有这样的差异？

关于学习动机，心理学有大量研究，其结果归纳起来，有两点很重要。

①强烈的、自发的学习动机不是凭空产生的，它有赖于外部良好的舆论导向和积极的学习氛围影响。

②一个人如果长期缺乏成就感，就不可能对某一事物产生并保持浓厚的兴趣，学习也不例外。只有让学生体验到学习上的成就感，才会进入学习动机与学习效果彼此促进的良性循环中。

学生学习动机不足，是内、外部条件中的不良因素相互交织影响的结果。

外因

a. 家庭

父母的教养态度、方式，以及家庭的学习环境等都会对孩子的学习产生重要影响。

一般来说，如果家长是一个爱学习、爱看书的人，孩子在家长的熏陶下也容易喜欢学习、喜欢阅读；如果家长对知识尊重，对老师尊重，对生活负责，那么就能给孩子以爱学习、做事认真负责的积极影响；家庭和睦，孩子就会愿意努力学习以赢得父母的关爱（这对小学生来说是一种比较主要的学习动机）；学习遇到困难时，父母的鼓励帮助使孩子不会轻易产生厌学情绪。

反之，如果家长重利轻智，经常谈论的内容都是吃喝玩乐；消极悲观，总在孩子面前抱怨生活工作；教育孩子的方式要么是放任自流，要么是包办代替，或控制过严，或期望过高；父母之间经常争吵，亲子关系紧张。尽管这些家长也会叮嘱、教育孩子要好好学习，然而在不良的家庭氛围下，这些话显得十分苍白无力。

b. 学校

学校的校风、硬件、管理，教师的专业水平、教学技巧，师生间的关系，班

级的学习氛围等诸多因素，均能对学生的学习动机与兴趣产生影响。学校为了升学成绩不断给学生的学习加码，压榨学习时间。机械的训练、频繁的考试、过重的学业负担，很少运用现代化教学手段进行辅助的刻板的教学过程，这些都在一定程度上削弱了学生的学习兴趣，弱化了学习动力。

c. 社会

社会上的舆论对学习正面引导不足，对真正有才学、有贡献的杰出人物宣传过少，对各种娱乐明星的宣传铺天盖地，仿佛只要长得好看、有身材就能一夜成名。很明显，这样的舆论环境和风气对学生正确认识学习意义、培养踏实勤奋的学习态度有着消极的影响。

另一方面，舆论又在贩卖学习焦虑，对学习的追求过于功利化、资本化。"你不报名，我们就培训你孩子的对手"，使家长唯恐自己的孩子"输在起跑线上"，于是不顾孩子的身心特点，各种补课，各种报班，盲目增加学习的压力与负担。

内因

a. 基础

基础扎实的学生，在学习新课时更容易产生联想，将新知识整合到自己的知识体系中去，容易体验到学习的成就感。而基础较差的学生学习新课难度较大，容易倾向于怕学、厌学。

b. 成就动机

出色的学生一般都具有高的成就动机，成就动机是指个体追求自认为重要的、有价值的工作，并使之达到完美的动机，它能激励个体去努力获得将来的成功。具有这种动机的学生，会刻苦努力战胜学习中的种种困难和障碍，取得优异成绩。

反之，缺乏成就动机的学生则表现为对成绩的好坏不在乎，采取一种听之任之的态度；精神面貌懒散、拖沓；常把主要精力放在与学习无关的活动上。这部分学生的学习处于被动状态，通过老师、家长的督促，他们也能完成学习任务，但显然是为了应付。

c. 学习策略

学习策略因人而异，并没有统一的模式和规律。但在学习过程中，学生需要对各门课程采取一套富于针对性的、适合自己的策略，这些策略将帮助他们有效地完成各科学习任务，提高学习效率。

d. 抗挫折能力

心理学上所说的挫折，是指人们在实现预期目标时受到阻碍而不能克服，由此产生的一种紧张心理和情绪反应。每个学生的耐挫折能力都不相同，有的学生完全不能接受挫折，应对压力的能力差，对压力采取逃避的方式而致学习动力下降。也有的学生面对教师和家长的反复唠叨产生逆反心理，表现在学习上就是听之任之，动力下降。

分析孩子的具体情况，然后对症下药，就一定会有效果。

2. 合理运用奖励机制，激发内在学习动机

很多家长会运用奖惩的手段来激励自己的孩子：期末考试考到前五名，可以奖励你什么什么。如果考到前三名，可以带你去哪里哪里玩。

运用奖惩来强化学习行为是符合心理学规律的，但是，千万要注意的是：

最好的学习动机应该是一种内在动机。也就是说完全参与到学习活动本身中去，学习本身就是目的，而不是为了通过学习获得什么。孩子认为学习是有意义的，是一种乐趣，自发地追求学习。可是你的奖励是物质的、外在的，将成绩和物质奖励相挂钩，就把内在动力变成了外在动力。他学习不是因为他明白学习的意义，而是为了你许诺的奖励。这是非常糟糕的。因为最新的研究表明，外在奖励会削弱内在动机，一旦孩子习惯于物质奖励而非兴趣、好奇心、成就感奖励自己，那么他就不可能形成真正的学习动机。

所以，奖励作为一种有直接效果的手段，当然可以运用，但一定要合理运用。从外部奖励过渡到内在奖励，激起孩子的内在学习动机。没有一个学生是主动要成为差生的，父母要让他为自己的成就感去努力，去改变自己。

3. 加强对孩子抗挫折能力的培养

前文分析过，厌学始于学习中的挫折和失败，如果孩子的抗挫折能力强，就未必会导致厌学。

家长可以采取以下措施，培养孩子的耐挫力。

①帮助孩子根据实际情况，调整学习目标和期望值，减少挫折。

如果孩子是班级第十名的水平，那么由于正常的波动，考到前六名、考到第十五名都是正常的。所以给他定目标：只要考进前八名，父母就认为你是成功的。这样，孩子考到第五、六、七名，仍然会很有成就感。你尊重他，呵护他的成就感，他就会越学越有动力，越来越爱学习。

②和孩子一起了解一些正确的自我心理防卫机制（后面章节会讲到），遇到挫折时运用适当的方法（比如升华法、补偿法等）减轻紧张情绪。

③可以在生活中有意地设置一些挫折，引导孩子锻炼自己的意志力。

当孩子具备了良好的抗挫能力，自然也就不会轻易厌学了。

三、题海之下，面对压力的四种反应模式

李成鹏再次因为不完成作业而被我叫到办公室里谈话。这次的语文作业非常少，完成现代文阅读中的一道选择题和一道主观题，大约十分钟就可以写完。班主任问他为什么不写，他只回答说不想写，没有原因。

他已经连续一周有选择性地不完成各种作业了，这在高三学生中，尤其是成绩十分优异的课改班学生中，几乎是不可想象的。

班主任责令他写一份检讨，但他将检讨写成了一篇微小说，班主任气愤地拿给我看。我认真读了下，仅从小说角度看，写得还真是非常不错。以《鸿门宴》为素材，从第一人称视角出发，以人物心理活动为主要描写内容，在看似荒诞的对话中暗示了主题。客观地说，已经接近发表的水准了。

我又从其他老师那里了解到关于他的一些事迹，几乎每个老师都对他印象深刻：

他高一时的语文老师不太喜欢他，因为他几乎从不听语文课，但语文成绩又很好。曾经《赤壁赋》讲到一半，就听到他说："好了，后边的就不用听了。"

他现在的数学老师问他对自己的课有什么建议，他说："看得出老师是想把课讲得有趣一点，除了目的性不太明确外，其他都还好。"

生物老师对他的一个观点印象深刻：DNA是双螺旋结构，宏大的宇宙中许多

星系也是双螺旋，这真是一种奇妙的巧合。

物理老师问他对《三体》的看法，他说对里面的猜疑链很感兴趣，两人就讨论了起来，最后成功地把物理老师给绕了进去。

作为特优生，李成鹏根本就不可能不会，至于没时间也是一个借口。他拒不完成作业，应该是一种刻意的行为。

我又了解到，在之前一周，他因为在寝室阅读《红楼梦》而在升旗仪式上被点名通报批评；多次因为在自习课上阅读语文报而被老师批评；班主任突击检查课外书，他的多本课外书都被没收掉了。

本月举行的月考中，他的语文仅做了文言和作文，作文依旧是写的个人风格明显的小说，显然分数堪忧。其他科目也全是有选择性地做了一些题，整体分数惨不忍睹。他一人严重拉低了班级平均分，令班主任大为恼火。

联系这些情况，我将他的行为解读为一种消极反抗，不全面的战斗。

心理学研究表明，人在面对压力时会有四种基本反应模式。

早先，研究者们认为人们在压力状态下会做出"战或逃"的选择，投入战斗正面对抗，或者转身就跑。而近年来，逐渐有研究者指出，除了"战或逃"，人们还会出现两种反应——"僵死或服从"。

在现代社会，这四种应激反应被一直沿袭下来，成为人们面对压力时的主要模式。

1. 战斗（Fight）

在面对压力时，一些人会进入战斗模式。比如最后一年评职称，而且只有一个高级职称的时候，有人会充分准备材料，积极搞好人际关系，全力以赴地去争取这个职称。"战斗"的应对模式，能够帮助人们化压力为动力，最终战胜困难，取得自己想要的结果。

2. 逃跑（Flight）

人们也可能在面对压力时选择放弃或逃离。还是以评职称为例，那么多人争一个位置，充满困难与挑战，于是有些人可能会主动选择放弃这个机会。我们常常会认为这样的人意志力不足、不求上进，但不可否认的是，"逃"能让人避免在压力面前过度坚持而屡屡受挫。这样的选择会使他们避开压力，避免承受失败的痛苦。

3. 僵死（Freeze）

当发现眼前的困难过于强大时，儿时的我们可能会哭到昏睡，出现所谓的"断片"，这就是我们在以僵死的模式应对压力。成年后，则更多地表现为一种"疲乏感"或者嗜睡。这种僵死的应对机制，"能让人感觉自己在压力的情境中'消失'了，就仿佛痛苦也随之消失了一般"。

4. 服从（Fawn）

人们在应对日常压力时，还会表现出对压力源的"服从"，即向给自己带来压力的人或事妥协、讨好，从而达到趋利避害的效果。

现实中，压力的来源是复杂多样的，一个人如果总是单一地运用一种模式去应对，就会为压力所困。我们需要依据具体的情境，综合运用各种模式来应对压力。

当有希望战胜压力时，就全力以赴（战斗）；当坚持可能带来更大的伤害时，就果断放弃（逃跑）；当压力过大时，可以索性放下一切给自己一段休息时间（僵死）；当面对压力感到不知所措时，也可以和压力源交流沟通，更好地了解、接受它（服从）。

这样，才能最大限度地减低压力带给自己的负面影响。

李成鹏的反应属于战斗，但没有全力战斗，类似于消极抵抗或者非暴力不合作。

但他的压力具体来自哪里呢？明明他有能力轻松地完成作业。以探讨他那两篇独特的小说为话题，我和他进行了交流，最后他告诉我：他的压力来自高三的教学模式——越来越繁重的题海战术。

高三几乎每一科都在不停地刷题：周练、强化训练、模拟训练、综合演练、踩线生专项训练……每天的作业就是各种类型的试卷与练习。但这其中许多题型是重复没必要的，既没有针对性的考查知识点，也没有对解题思路的逻辑训练。

他希望能拥有独立思考的时间，对课上讲的概念、定理、例题进行反思总结与消化吸收。但这一切都被海量的习题和饱和的课堂所淹没，彻底变为不可能。

三轮复习中，思考是件奢侈的事，他不得不任由时间消耗在对自己提高已无帮助的刷题中。明知意义不大却又不得不重复再重复，有更好的学习策略却没时间运用，李成鹏内心的抵触情绪越来越强，最后只能以不写作业来作为对抗题海压力的手段，释放心中的不满。

的确，题海战术会对学生造成许多影响。李成鹏作为特优生，有着很强的学习能力，对学习策略也有着深刻的自我审视。而对于其他一般的高三学生而言，题海战术的影响更大。

a. 助长厌学情绪

"学而不思则罔，思而不学则殆"，这是教育界的至理名言。长期单一、重复的刷题而没有时间思考、消化吸收，就不能真正地理解知识、运用知识，也就体会不到学习上的乐趣，久而久之，难免产生烦躁、厌学等不良情绪。

b. 难以突破学习瓶颈

高三复习过程中会有一个高原现象：在一段时间内会出现学习成绩和复习效率停止不前，甚至学过的知识模糊的现象。这就是瓶颈期，就像我们在长跑过程中总有段时间是无比疲惫的。在这个阶段，学生会觉得无论怎么学习都没有起色。

这个时候的正确做法是回归基础，深入反思，发现自己知识结构的薄弱处，然后予以针对性强化。但题海战术让学生没有时间去反思、总结，所以反而难以突破瓶颈期。

c. 加剧心理饱和现象

进入高三，几乎所有学生的生活都围绕着高考展开，为了这一目标，不再参与其他活动，每天进行着大量的重复性练习。由于活动单一，容易在学习中出现疲惫、效果不佳的现象。而刷题这种单一重复的单调行为，更是加剧了学生的心理饱和现象，容易导致其他心理情绪问题的产生。

d. 无法解决"没学懂"的问题

题海战术能帮助你"发挥得更好"，却并不能帮助你"学会"什么，它并不能提高学习者本身的思维水平。一诊 300 分的学生，刷多少题也不可能二诊考到 500 分。

不能理解自己每天重复刷题的意义，无法突破学习瓶颈期，心理饱和无从宣泄，看不到未来，这种种因素汇集而成的心理压力，甚至会使高三学生产生自残或轻生的念头。

在清楚了情况后，班主任和各科任老师开了个会，商量后决定：李成鹏可以有选择性地完成作业，并结合他对生物的兴趣与天赋，重点加强生物学科的突破。后来，他参加了全国性的生物竞赛并取得了很好的名次，通过了浙江大学的自主招生考试，高考后顺利被浙大录取。

📖 寄语家长

1. 正确看待题海战术，理解孩子在题海压力下的某些宣泄性行为，也要理解老师的做法

我个人并不反对"题海战术"，但要理解其本质。家长们不要被什么"快乐学习"的理论所说服，学习这个词在日语中就是"勉强"的意思。学习没有捷径，尤其是理科学习，不经过大量的练习是不可能学好的。

学到一定境界，感受到了所学知识的美的时候，学习是可以快乐的，但这之前，一定是很苦的。不排斥题海战术，但重点是明白刷题的意义：通过练习来找到自己的薄弱环节，然后进行针对性训练予以提高。

我在带第一届毕业班的时候，曾制定了一个语文复习的长期规划：先针对性阅读，积累一定的阅读量，再回归教材，梳理知识点，建立知识体系，最后刷套题。这样的计划在初期做题肯定不多，成绩的提高不明显是可以预计的。但意外的是，月考后竟然有家长将这一情况反映到年级主任那里，说语文老师刷题少导致孩子成绩提不上去，让领导找语文老师谈谈，以后多布置一些习题。

这就很令人啼笑皆非了。刷题对于老师来说可是最轻松的做法，只要让学生做，然后自己讲就行了。家长明显不理解题海战术的意义。

2. 营造一个良好的家庭教养环境，在要求与回应两个维度之间找到合适的平衡点

题海是孩子要面对的，家长其实帮不上什么。

家长能做的，其实是在这之前。

前文说过，人在面对压力的时候有四种对应模式，灵活运用这四种模式，可以较好地舒缓压力。但是，大多数的孩子却常常困在单一的压力应激模式中出不来，只会用一种模式应对。为什么会这样呢？

心理学家们认为，有些人之所以在成年之后总是以某一种固定的模式应对压力，这与他们所受到的家庭教养方式有关。

衡量家庭教养方式有两个维度：

a. 要求，即父母对孩子自身成熟、独立、责任承担等的要求。

b. 回应，即父母对孩子需求（生理、情感等）的回应程度。

依据这两个维度进行组合，可以划分出四种家庭教养方式。

低要求低回应："缺位的父母"与"消失"的孩子

这类父母不太关心孩子的需求，也不对孩子有所期望。这种关爱的缺失让孩子觉得自己唯有"消失"，才能逃避被忽视的痛苦。因此，他们习惯于隐藏自己，不表现，不争取，一味地以"消失"来回避压力带给自己的痛苦。久而久之，甚至连自己的内在需求与愿望都有可能逐渐僵死或消失。他们总觉得自己疲惫不堪、紧张忧虑，却不知道为什么会这样。

低要求高回应："割草机父母"与总是逃避的孩子

"割草机父母"指那些为了孩子的成功，随时赶在孩子前面将"杂草"清除，为孩子解决成长道路上的一切困难的家长。这类父母对孩子的要求全都满足，但却缺乏对他们的基本规训，以至于这些孩子一遇到困难就想逃避，寄希望于父母来解决，无法独立承担责任。习惯性逃避可能让他们觉得自己"一事无成"，进而产生消极的挫败感和无望感。

高要求低回应："虎妈狼爸"与不停战斗的孩子

在这种家庭教育中，父母对孩子的要求很高，他们希望孩子完美优秀，但与

此同时，他们对孩子的回应又是有限的、有条件的。孩子唯有通过不断努力来达到完美，才可能获得家长的关爱。这使得这些孩子习惯于用"战斗"的方式来获得自己想要的结果，包括试图战胜一切压力。这可能会使他们总处于战备状态，无法放松地投入生活，进而引发焦虑。

高要求高回应："直升机父母"与"服从"的孩子

这类父母通常会把孩子当做一切生活的重心，在高度回应孩子需求的同时，也对孩子有着几乎不切实际的高要求。他们试图在各个方面对孩子加以管控，生怕出现不符合预期的问题，这会让孩变得子对父母"唯命是从"。

习惯于服从的人，无法发展出健康稳定的自我感。他们的行为往往并非从自身需求出发，而是基于对他人感受的揣测而做出。这可能让他们在人际交往中无法拒绝别人，过度付出，最终不堪重负。

可以说，这四种模式都不健康。如何在要求与回应之间找到一个平衡点，培养出心理健康的孩子，是对家长们的一个挑战。

对于每一个都曾是"孩子"的人来说，我们应该明白，其实孩子要求的并不多。尤其是小时候，只要父母都陪伴在身边就可以很开心；能拥有一件喜欢的玩具，就可以高兴一整天。即使上了高中，他们的要求比起成人世界的复杂，依然很简单。

我们希望他们好，所以我们对他们有要求，我们要教育他们。在这个过程中，孩子的情感是否被尊重、想法是否被聆听、要求是否被满足，是一个良好的家庭教育简单却也重要的判断标准。

四、专注力缺失：贪多务得的结果往往是一无所获

早读时，杨露想巩固一下语文默写，但刚背了没几行，又觉得英语单词没复习。刚背了几个单词，又想拿出数学错题集看看。看了没几道，心烦气躁，因为生物下节课要抽背，必须得看生物了……

正课时，听着课，手中笔不停地做着笔记，外表看起来一切正常，但只有自己才知道，眼前的场景早已不是教室和黑板了。甚至自己也是走神了很久才意识

到自己走神了，笔记本上写的知识不知所云。

晚自习写作业，总会去注意同桌或周围人的一举一动：翻书的声音，喝水的动作，在写哪些作业。结果就是连读题都难以进入状态，几乎是每读几句话就走一次神。

考试时，一边读着题，一边脑子里不由自主地回忆着之前看过的电影或小说中的情节。刚刚努力制止了脑内小剧场的播放，做了一会儿题目，又开始想考前和同学聊了什么，自己有没有哪句话惹他生气了？听到邻座考生椅子晃动的声音……

总之一句话，身体在做着 A，脑袋却在想着 B。

杨露身上所出现的问题，在压力较大的高三学子中很有普遍性。在学习中没办法长时间集中注意力，也就是专注力缺失。

注意力也叫专注力，指心理活动对一定事物的指向和集中的程度。是智力的五个基本因素（注意力、观察力、记忆力、思维力、想象力）之一。但从作用上说的话，专注力是其他因素的准备状态，如果准备阶段都做不好，那其他因素就无法发挥全部的作用，整体的智力表现肯定大打折扣。

无意注意

我们正在上课，突然领导从教室外经过，大家都会不约而同地转过头去看一眼。像这种没有自觉目的，也不需要刻意努力的注意就是无意注意。

相对强度较大的事物（突然响起的掌声，划过天空的闪电），突然变化的事物（我正在滔滔不绝地讲课，突然间停下，就会马上吸引学生的注意），和背景中特别突出的事物都容易引起无意注意。

有意注意

有自觉目的，并且需要一定努力的注意，比如学习这一活动就需要高度的专注力。学习过程中总会有各种干扰因素出现，你必须通过一定的努力，强迫自己把注意力始终集中在学习过程上。

一般来说，人可以集中注意力多久？

心理学对此有过研究，成人高度集中注意力完成一件简单枯燥的任务时，时间大约是 20 分钟（成人高度集中注意力去玩打地鼠游戏，经过统计，只能维持 20 分钟左右不出错，然后就会出现错误）。如果是一般强度的集中，青少年大约可以维持 50 分钟。学校一节课时长设置为 45 分钟，正是基于此。

不同的实验研究结果会有所偏差，但大体是这个时间。

也就是说，杨露同学的正常状态应该是：听课时能够专注地全程跟随老师的思路，专注地完成听说读写各个环节。当注意力开始松懈时，恰好也到了下课时间，可以放松调整一下，下节课继续集中注意力。

像杨露这种专注力缺失的情况，会严重影响学习质量和成绩。学习是一项需要高度专注的复杂行为，集中且持久的注意力是学习的重要保证。

那么有助于提高有意专注的因素有哪些呢？

注意是大脑的一种机能，并且受到意识（心理）的调节。所以应该从生理、心理两方面去分析。

睡眠

睡眠在消除疲劳、增强免疫力、维护心理健康等方面有着不可替代的作用。睡眠中，大脑在生产思维所必要的生化物质，合成生长所需的生长激素。如果没有充足的睡眠，那这些物质的分泌就会受到影响，致使注意力下降，学习效率降低。

营养

大脑只占人体重量的 2%，但消耗的能量却占全身总消耗能量的 20%。学习是一种繁重的脑力劳动，注意力集中时，大脑处于高度紧张的兴奋状态，需要大量新鲜血液提供足够的营养。

运动

大脑额叶的发育水平与注意力密切相关，而刺激、增强额叶功能的最有效办法就是运动，尤其是一些技巧要求较高的球类运动。严重的注意力不集中（无法集中）在医学上被称为"注意缺陷多动障碍"，往往要进行"感觉统合训练"，事实上也就是综合运动治疗，实验证明是很有效的。

动机

动机越强烈，目的越明确，注意力就会越稳定、越集中。

比如，让一个人去听报告，并要求他听过之后负责传达，那么他听报告时的注意力一定非常集中和稳定。如果只是让他去听，而没有任何任务，那他就不一定能集中注意力了。

学生的学习也是一样，良好的学习动机、明确的任务、具体的学习计划和进度，会形成一定的紧迫感，这种紧迫感能够使学生把注意力稳定在听课、作业、复习等活动中。

兴趣

兴趣是人们积极认识某种事物或关心某种活动的心理倾向。一个对某一学科产生强烈而稳定兴趣的学生，就会把这门学科作为自己的主攻目标，产生强大的学习动力，从而维持持久、集中的注意力，大大提高学习效率。所以教育中常说兴趣是孩子最好的老师。

意志

在学习中，外界的干扰和内心的走神随时都可能发生，这时要靠坚强的意志来抵抗注意力的分散。

音乐

音乐作为一种有规律的机械波，能够提高大脑运作效率。常听一些舒缓、优美的古典音乐，可以有效地提高注意力。在泰国影片《天才枪手》中，男女主就在大考前一起听古典音乐，不是为了放松，而是为了更好地集中注意力。

放松

注意力不可能以同样的强度维持 25 分钟以上。因此，学习中的短暂放松，如深呼吸、看看远方等非常有价值。另外，文理科内容交替学习、动静结合，对于提高注意力同样具有重要的意义。

我和杨露一起逐一排查，审视造成她注意力缺失的因素是什么。结果她发现，首先自己没有清晰的学习目标。学习是为了考大学，但她自己却并不清楚大学的意义，为什么要考大学不明白，只是不想辜负父母的期待罢了。其次，意志力不坚定，心思摇摆不定，学习时想放松，真正放松时又有负罪感，毕竟别人都在争分夺秒地努力。再者是缺乏运动，整天就坐在教室里，下课也很少出去，体育课就是散散步。

长期的注意力不集中不仅会严重影响学习成绩，还会对情绪产生负面影响。因为走神分心会造成拖延与低效，而高三复习时的低效会引发自责和恐慌。

找到了原因之后，我让她有针对性地去制定方案来解决：

①学习中尽量减少选项，选择一旦做出就不再犹豫，精力应该用来行动而不是在对抗干扰中消耗。

②每天强制抽出 20 分钟时间跳绳或跑步。

③认识大学对于自己的意义，明确学习动机。我让从前的学生（此刻正在读大学）写信给她，告诉她大学生活的真实感受和大学学习的意义，让她自己也去找一些文章来读。

值得欣慰的是，经过一段时间的坚持，这些措施确实起了作用，杨露可以在学习中保持更长时间的专注，成绩也有了较大的进步。

寄语家长

1. 从日常行为入手，培养孩子专注的好习惯

北大数学天才韦东奕因采访而走红的新闻再度引发人们对教育方法的讨论。之前有中国诗词大会冠军武亦姝，人们迫切地希望可以从中提炼出教育成功的秘诀，然后运用到自己的孩子身上，复制出下一个天才。各种自媒体也推波助澜，迎合家长的心理，给出一个又一个的方法：有效陪伴、尊重特长、大语文观……炮制出一篇又一篇抓人眼球的文章。

但我可以以一个老师的责任心和多年的教学实践告诉各位家长：盲目地抄作业并不能培养出下一个天才，甚至有害无益。

首先，成功不可复制。其次，如果说真的有什么因素可以增加成功机会的话，那恰恰是各类自媒体文章所忽视，甚至这些天才们的家长也闭口不谈的一个能力：**专注**。

如何培养孩子的专注力呢？

让孩子制订计划，在规定的时间内集中完成学习任务。

放假在家时，计划好每天完成哪些作业，针对自己的实际情况具体到章节以及数量。然后设置好时间，要求自己必须在该时段内完成，这种紧迫感会强制自己集中注意力。

如果孩子能够顺利完成，父母最好给予一定鼓励，让他休息 5~10 分钟后，再以同样的方式完成下面的学习。当孩子能够做得很好时，可逐步延长一次性集中做题的时间，并要求孩子在审题的过程中，自己把题目的要求、重点条件用笔勾出来，以防走神出错。

这些都可增加孩子的自信，让他感觉"我能自觉集中精力做好一件事"，从而逐步培养起高度的专注力。

一次只做一件事情。

人的注意资源是有限的，若分配在性质不同的事情上面，就会消耗注意力的有效性，同时进行多件事不利于注意力的有效集中。所以，吃饭时就是吃饭，关掉电视，不准玩手机。写作业时，也不能挂着耳机听音乐。唯精唯一，心无旁骛。

当孩子专注地做事情时，不要去干扰。

孩子在专心阅读或者做作业的时候，不要去打扰他，不要出于关心，一会儿去看看缺点什么，一会儿去送杯水，过一会儿又问问需要什么。你以为是一种关心，其实是使他分心。当孩子沉浸于他的事情之时，就是正在无意中培养自己的注意力。

营造一个有利于集中注意力的家庭学习环境。

放下手机。手机是最影响我们执行力的一个障碍，频繁地刷各类信息会转移我们的注意力，时间也在不知不觉间耗尽。

房间要收拾得简洁明快；孩子学习的时候，不要有电视机、电话等声音干扰；父母尽可能不在孩子学习时进进出出；室内的光线也不要忽视，光线柔和适度有助于孩子集中注意力。

总之，为孩子创设一个安静、简洁的环境。

2. 帮助孩子明确学习的意义，形成稳定持久的学习动机

我的一个学生直接在周记中写道："我对大学生活，说句老实话，其实并没有多大期待。我不善与人交流，也不懂说话的艺术，并不想与旁人深交。我考大学就是因为父母都希望我能上大学，那就努力考呗。如果考不上，爸妈会很难过的。"

这是大多数高中生的学习动机，与自己关系不大，是为了报答父母的期望、恩情。

但注意的规律告诉我们：目的越明确，动机越强烈，注意力才会越稳定集中。学霸们能够保持每节课都高度专注，很大程度上是因为他们心中都有着明确的大学目标和人生规划。

家长可以利用假期，带着孩子去参观感受一下国内一流大学的环境与氛围，这种体验能够直接影响到孩子的学习动机。

"我当年中考结束后，爸妈带着我去游览了一趟清华，虽然我不可能考进那里，但这次经历却激励着我从一个县城考进了省城的大学，并留在了那里。"一个家长如是说。

北京大学、清华大学、中国人民大学……实地参观这些国内顶级高校时，内心产生的那种感受是近乎震撼的，的确可以激起学生的学习欲望，种下渴望攀登卓越的种子。

第四章
陪孩子理解生命
——青春恋与自我伤害

● 既然无法绕过，那就正确引导：青春恋

本章探讨的是关于早恋的问题，但我们不使用早恋这个概念，因为这个概念携带的褒贬色彩较多，带有负面的、消极的评价倾向。其实早在数年前，心理学专业领域中，就已经不称为"早恋"了，而称为"青春恋"，本书中我们沿用这一称呼。这是一种青春期的体验式恋爱，它有积极的意义，但也有必须要注意的地方。它是青涩、懵懂、不成熟的，青少年在这个过程中更多的是"学习"恋爱，而不是真正的恋爱。

一、他喜欢我，我很困扰

周末调座位，一个男生向我请求换到陈朵的侧后方，但陈朵却不同意。

下课后，她来到办公室向我反映了一件事，这个男生可能是喜欢她。而这，令陈朵感觉自己潜心学习的心态被打扰，在班中的生活也变得很尴尬，有些不知所措。

陈朵这个女孩子身材高挑、气质娴静，的确很吸引人。但她本人目标明确，性格坚定，高中阶段就是好好学习，努力考上一所双一流大学。至于什么喜欢、青春恋，想都不去想。

首先明确，高中阶段，学生出现这种喜欢异性的情感十分正常。现在的高中生很大方，一点也不扭捏。经常有学生到办公室和我聊天，告诉我哪个班中的谁在偷偷喜欢着谁，或者谁和谁表白了，以及自己也有喜欢的人、在哪个班，等等。

在青春期，随着生理、心理的发展变化，孩子对待异性的态度也会大致经过以下 4 个阶段的变化：

1. 异性疏远期

指青春期开始的半年至 1 年内 (11~12 岁)，对异性的疏远和回避态度，这主要与生理因素有关。由于第二性征的出现，使青少年对自身所发生的变化感到茫然与害羞，少女对日渐隆起的乳房感到羞怯，男孩子则不想被人看到慢慢突出的喉结和渐渐出现的胡须，于是本能地对异性疏远、排斥，部分人甚至对异性反感。如果因为学习需要接触，会感到难为情。从前一起谈笑风生的异性朋友也许会突然间变得不再联系了。

2. 仰慕长者期

在青春发育中期，青少年会对自己周围环境中某些在体育、文艺、知识以及外貌上特别出众的人 (多数是同性或异性的年长者) 心生爱戴、崇拜，会去模仿这些人的言谈举止。这种仰慕的情感一般只是默默在心中向往，不会爆发出来成为真正的追求和恋爱。

3. 异性爱慕期

这一阶段大概集中在 16 岁左右，正是高中期间。这一时期的孩子对异性怀有好感、欣赏，希望有机会接触异性，倾向于在异性面前表现自己，往往对异性带有幻想色彩。此时他们的心理发展具有对象广泛、感情隐晦、相互显示三个特点。但需要指出的是，这个时期对异性表现出来的兴趣、思恋乃至爱慕的感觉绝对不是爱情。双方的理想成分很多，以自我为中心的意识太强，所以矛盾较多，接近的异性对象也经常变换。

4. 两性 / 浪漫恋爱期

爱情集中于一个异性，对其他异性的关心明显减少。男女都喜欢与自己选择的对象在一起，不愿参加集体性的社会活动。经常陷入结婚的幻想中，并得到独立感的满足——看到她 / 他的第一眼时，我连我们孩子的名字都想好了。

青春发育已完成，择偶的价值观逐渐成熟，进入选择自己配偶的阶段。此时的特点是：认清恋爱和婚姻的界限，懂得恋爱不同于婚姻；正视对方的缺点，认真负责地彼此沟通，增加了解；和谐的爱情正逐步形成——基于双方遵守承诺和对美好前景的憧憬。

该男生并没有向陈朵明确表明过喜欢，但班中却都在传。推想应该是该男生私下里和同学说过喜欢陈朵的话。而学生就是这样，听说哪个喜欢哪个后，就很自然地把两人凑成了一对儿，并借用各种机会起哄、调侃。

比如上课点名，如果点到陈朵后，又点到了这个男生的名字，大家就会一起不约而同地发出"哦"的一声，仿佛恍然大悟的样子。抽到黑板前回答问题，如果刚好两个人都被抽中，其他学生就会在下面开玩笑：什么缘分啊，天生一对啊，老师如果不呵斥，会说起来没完。如果陈朵受到批评，该男生偶尔会在一旁为陈朵帮腔，说几句对抗老师的话，每当这时，其余学生会越发起哄，这让陈朵又羞又气，尴尬异常，而该男生却很享受。在由同学自己主持的班会上，班干部也会特别将两个人分到一组发言，或安排到一起去做值日、扫公区，总之，班上有了这么"一对儿"，他们就会利用、创造各种机会去开玩笑。这些学生没有恶意，只是想看热闹，但却对陈朵造成了心理压力与困扰。

陈朵现在几乎都不想走进班级，因为如果那个男生已经先在教室了，那么当她走进时大家就会发出各种怪声，提醒男生。如果男生没在，那么当他进来时也是一样的情况。而她呢，既不能明确地表示拒绝，因为男生并没有向她当面表白过，也不可能不进班级，躲又躲不掉。

虽然处于异性爱慕期喜欢某个人是正常的，但如果只是单方面的，就可能会给对方带来麻烦、困扰。男生因为的确喜欢女生，所以对于这种情形会觉得乐在其中，而对于一心只想学习的陈朵而言，就苦不堪言、非常反感了。

这种情形就像大学中不管女孩喜不喜欢自己，在女孩的寝室楼下摆满鲜花和蜡烛，表白对方，要求做自己女朋友，周围人也一起大声说答应他，这不是浪漫，而是群体压力，是道德绑架。

我了解后，马上找来该男生的几个室友，从他们口中求证一下，男生是否说过喜欢陈朵的话。得到肯定回答后，我又找到该男生谈话，希望他可以利用班会时间，在全班面前好好解释一下这件事，让大家以后不要再借机开玩笑，然后我也会教育班级同学。但男生态度模棱两可，支支吾吾不肯答应。

我有些生气，索性直接电话男生家长，说你的孩子虽然没有明确表白，但却已经给陈朵同学造成了很大困扰，希望你们家长好好劝下孩子。如果不接受处理意见，那就直接转班，如果不同意转班，那就直接领走。

在这样比较强硬手段的介入下，该男生最后被调到了其他班，班上同学也不再拿这件事起哄调侃。陈朵虽然觉得有些不太好，但终于恢复了从前的心态，也不再抗拒进入班级，成绩也提高了很多。

📖 寄语家长

1. 如果您的孩子是造成困扰的一方，那么一定要教育孩子，喜欢是有边界的

"我喜欢你，与你无关。"高中阶段的孩子都比较喜欢这种看着挺酷的句子，甚至还受其影响。但这种看似文艺的句子，只是有些不明所以，让人觉得很有深意而已，其实根本没有逻辑。并且，一点都不美好。

你喜欢的是我，怎么可能跟我没有关系？你会只喜欢而不行动吗？只要你有行动，就会影响到我，就与我有关。

我们一定要教给孩子一个理念：做人要有边界感。

边界感，指的是能分得清自己和他人之间的清楚界限，能够控制自己行为不给他人造成影响。这个边界就是，你当然有做喜欢的事的权利，但是，你的行为不能给他人造成困扰，伤害就更不行了。在这个边界之内，你怎么做都行。

无论是自由也好，爱情也罢，或者说每一件事，都要有边界感。

有边界感的人，不会强迫他人分享自己的情绪和事情，不会热情过头，不会无节制地干涉他人生活，更不会逼着他人利益共享。

你的事情，就是你自己的事情。

你的情绪，也只是你的情绪。

你当然可以喜欢一个值得喜欢的女孩子，但当你不阻止其他同学的起哄，反而还乐在其中时；当你知道对方其实并不喜欢你，却还坚持将座位调到她后面时；当你的喜欢给对方造成了困扰乃至伤害时，你的喜欢就越界了。而越了界的喜欢就变质了，就变成了自私。

懂得对自己的事情和情绪负责，是一个人有教养的开始。

懂得对自己的喜欢负责，是真正成长的开始。

2. 如果您的孩子是被困扰的一方，那么要教孩子学会正确地拒绝和求助

拒绝会伤害到对方，一般情况是这样的，但并不是所有的拒绝都如此。家长一定要告诉孩子，在感情的处理上，拒绝是非常必要的。如果根本没有喜欢的意思，那么越明确的拒绝，越早的拒绝，就越是负责，越能将伤害和损失降到最低。如果因为某些原因，对待异性的喜欢、追求含糊不清、模棱两可，那么就容易让对方误会，以为自己还有机会，结果反而更加强烈地追求，使情况更加糟糕。在对方已经投入了太多的心力后才表示拒绝，对方会很难接受，并质疑你最初的态度，从而引发矛盾与纠缠。

所以，在面对异性的告白时，应及时表明自己的态度。

当然，强烈的拒绝会直接伤害到对方的自尊心，而青春期时，青少年的自尊心是很强的。如何做到既清楚又委婉地拒绝对方，这需要父母利用自己的生活阅历、情感经验来指导孩子。比如不能当众拒绝，不能将对方写给自己的书信公布出来，不能嘲笑对方，不能损害对方的尊严……

如果拒绝不起作用，要懂得及时寻求科任老师、班主任、家长的帮助，不要自己闷在心里，加重心理负担，而且不能解决问题。

二、帮她理解爱的含义：并不仅仅是对你好那么简单

首先我们应该明确一点，其实父母很难阻止青春恋的发生。因为青春期的孩子在这一阶段性激素大量分泌，有冲动、有欲望，也有能力去青春恋。当孩子遇到有感觉的对象时，基于异性吸引这种本能而产生的情感是很难靠自律来控制的。家长如果粗暴干涉，往往是打压得越厉害，反弹的能量就越大。

但另一方面，这又是一个很好的机会。因为两性关系对于个体来说具有特殊的价值和意义。可以说，孩子在青春期的时候，学会如何与异性相处是一个重要课题，它可以促进孩子的人格更为成熟，帮助孩子进一步理解人与人之间的本质需求，比如责任心、理解、爱到底是什么等。当然了，如果没有发生，就顺其自然，千万不要有意去促成青春恋的发生。

所以，如果孩子出现青春恋了，是否会对学业产生影响，很大程度上不在于这份感情本身，而在于父母处理这件事的态度和方法。

下面，我们以一封真实的书信为内容（已征得作者同意），来探讨这个问题。

亲爱的爸爸、妈妈：

我知道你们听到这个消息会很失望，我也知道我犯错了，但有些话我也应该说出来。

首先，我知道你们这么远把我送到这里来付出了很大的代价，这也是我当初自己的选择。爸爸曾说过："不管付出多大代价，只要我幺女高考的时候能多10分，我都安逸的。"想到这儿，我觉得真的真的很对不起你们。

先从上学期开始说吧，当我踏进校门的那一刻，我很兴奋，我觉得盼望的高中生活终于开始了，也暗暗下定决心要好好学习。但时间一分一秒流逝，我发现真实的高中生活并不是我想象中的那样。我以为你们不在身边会很自由，可事实是我在学校每天以泪洗面，很想很想回家，真的很无助。学习上压力也很大，每天紧绷着一根弦，三点一线来回跑。我曾经多次提起每天最开心的时候就是躺在床上的时候，看似开玩笑的语气，但却是我的真心话。我也说过身边好多

朋友得了抑郁症，说不定下一个就是我了，我说了很多次你们都不以为然，觉得不可能。

我常常会跟舅舅打电话诉说我的心事，我觉得或许只有他能够理解我。很多大人会说，"你要好好学习，你要考个好大学，你要出人头地"，但很少有人会问我开不开心。我知道你们让我好好学习是为我好，我也深知读书不是唯一的出路，但却是最好的出路。我会好好学习，不会辜负你们的期望。

她写到这里，还没有说自己恋爱的事情，但这些事，其实已经构成了一部分原因：情感转移。

"情感转移"是心理学上一种常用的补偿方法，当个体因为某种需求未能满足而感到痛苦时，可以激发个体的其他需求，来起到替代作用。通俗地说，就是转移一个人的关注点，把情感从让自己感到痛苦的事物中，转移到让自己高兴的方面上来。

她每天都觉得压力很大，没有办法排解，情绪没有任何寄托，给舅舅打电话并不能根本解决问题。这个时候如果出现一个人对她特别好，她的情感就很容易发生转移，寄托到这个人、这件事身上。情绪从痛苦的环境中抽离出来，有了寄托，有了安放，心理上一下子就感觉从痛苦中解脱了出来。虽然环境并没有改变，但她却有了安全感。

当然，在情感转移的过程中，情感除了可以寄托在某个人身上之外，还可以寄托在兴趣爱好等其他方面。但这些无疑都不及某个人的关心呵护更有吸引力。

可这样的感觉，是不是所谓的爱呢？

这学期到了新的班级，又回到了当初的那种无助中，常常会觉得凉凉的。又要适应新的班级，认识新的人。但有一个人让我感受到了温暖，让我觉得他可以是依靠。不管你们相不相信，但他对我真的很好很好，我也是真的很喜欢他。

我生病了，他会细心地把我的每盒药研究好，该什么时候吃、吃多少，用便利贴贴好；我觉得压力大不开心的时候，他会尽力做各种事让我开心；我数学物理有几个类型的题没有听懂，他会放弃打篮球的时间给我讲题，还会在我的书上给我批注，重点知识给我写出更好理解的讲解；我渴了想喝水，他会用两个杯子来回倒，使开水变成温开水给我喝。虽然认识的时间并不长，但我不笨，能分辨出用心对我好的人。他对我的好不止这些，还有很多很多。

我知道高中早恋是不对的，但在错误的时间遇到了对的人，我能怎么办？你们俩不也是高中同学吗？为什么你们会觉得我会被影响呢？谁说十几岁的感情不会长久呢？他对我来说真的真的是特别的存在，我希望你们可以相信我的眼光。

我们注意该生的原话，"但有一个人让我感受到了温暖"，于是情感关注点发生了转移，生活重心从让自己感到痛苦的班级环境、学业压力转移到了这个人的关心、彼此的青春恋上，这样痛苦、难过自然就消失了。可是，如果这个时候出现的不是这个男生，是一个其他的男生，也这样关心她，她会拒绝吗？多半是不会的，所以这不是所谓的爱。但该女生并不能分辨，认为对自己好，就是爱。家长要做的，恰恰就是帮孩子看清这一点。

而且我们也在其中看到了家庭的影响，通常来说，出现青春恋现象的青少年更偏向于这样两类家庭。

结构缺失家庭：主要是单亲家庭、再婚家庭或双亲缺失家庭。这样的孩子长期缺少父母的关爱，当他们一旦遇到对自己特别好的人时，就会产生强烈的好感、依附感。

教育失当家庭：主要是父母行为不当的家庭、不和睦家庭、过于苛刻的家庭或者过于溺爱的家庭。父母行为不端，会在潜移默化中影响着自己的孩子；家庭不和睦，孩子很难感受到亲情的温暖；家长要求过于苛刻，视正常的男女交往都如临大敌，处处严防死守，反而激起了逆反行为；过于溺爱，孩子永远长不大，喜欢依附他人。

写信的这个女生家庭虽然完整，但父母都长年在外工作，很少回家，所以该女生很缺乏来自父母的关爱。而且父母是高中同学这一点，又强化了她此刻的情境。

或许你们看到这，会觉得我这是不成熟的想法，我承认我心智没那么成熟，也没你们有经验，但是我做的所有事我都是想过后果的，我愿意承担。而且我们并没有做过过于亲密的事，都很尊重对方。

我知道你们会说，我以后会遇到更多人，会有更好的选择，但这并不是我想要的。现在的喜欢就是单纯的喜欢，不包含外界的因素，这才是我向往的爱情。

我希望你们能给我一次机会，我们会共同进步，成为更好的彼此，我相信我们能做到！

不懂事的女儿彭婉玲，对不起，让你们失望了。

她坚信这就是自己向往的爱情，可她并没有想过：那个男生会不会一直这样对她好呢？能坚持多久呢？如果以后他对别人好了怎么办？如果他不这样细心了怎么办？或者就算他还是这样对她，但发现这个男生有其他很严重的缺点，人品不好，性格暴躁，又怎么办？

爱是一个很复杂的话题，青春期的孩子只是读了一些网上的文章、市面上的几本书，几乎不可能有真正的理解。

美国心理学家斯腾伯格曾提出过一个描述爱情的理论，认为爱情由三个基本成分组成：**激情、亲密和承诺**。激情是指爱情中性的成分，是情绪上的着迷；亲密是指在关系中能够引起的温暖体验；承诺指维持关系的决定期许或保证。这三个组成部分就好像是三角形的三条边，所以，这个理论又被称为爱情的三角形理论。

他又根据这三个因素，将爱情划分为七种类型：

①喜欢式爱情：只有亲密；

②迷恋式爱情：只有激情；

③空洞式爱情：只有承诺；

④浪漫式爱情：亲密＋激情；

⑤友谊式爱情：亲密＋承诺；

⑥愚昧式爱情：激情＋承诺；

⑦完美式爱情：亲密＋激情＋承诺。

"但有一个人让我感受到了温暖"，温暖的体验对应的是亲密这一因素，很明显，这个案例中女孩的爱情属于喜欢式。她说两个人没有做越轨的事情，很尊重对方。假设我们不干涉，如果两人最终发生了关系，那就是亲密和激情，浪漫式爱情，还不是真正的爱。因为缺少承诺，这个承诺一个高中生是做不到的，因为它不是一个口头保证。

承诺是指做出维护这一爱情关系的宣誓，它包括对爱情的忠诚和责任心，是一种患难与共、至死不渝的承诺。你决定喜欢一个人，但是你不一定愿意承担责任，就算愿意承担，也不一定能保证期限。高中生，就更不要奢望了。

激情、亲密和承诺共同构成了爱情，缺少其中任何一个要素都不能称其为好的爱情。斯滕伯格之所以这样认定，除了建立在大量调查的基础上，也是因为一个人类情感中的共识：建立一段稳定、持续的爱情需要双方耗尽毕生的精力去经营、培育、呵护，是一项贯穿人生的浩大工程。

在这一切面前，无论是女孩的固执，还是男孩的所谓体贴，都很渺小。

而且我们还看到，在前面的段落和这里，都已经出现了一些反抗的意识。虽然表述还很温和，但并不想听从父母的安排，而是和父母争辩，要求继续这段青春恋。这个时候父母是不能强硬打压的。

📖 寄语家长

1. 明确青春恋的双重意义

那些明显是耍着玩的恋爱不在此列。只要是认真投入的一段青春恋，当彼此被接受、被认可时，孩子会感到自信、热情，被激发出很积极的一面，对生活充满了憧憬和期待。反之，如果被拒绝，尤其被无情、果断、激烈地拒绝后，孩子会产生自卑、挫败等消极情绪，但在处理这些负面情绪的过程中，孩子会完成自我重塑，从而促进人格成长。因此，虽然青春恋是不成熟的，但处在其中的孩子却可以通过人生中第一次与异性相关的情感尝试，感受到自己的自信、价值，从而肯定自己、树立自己。

那如果恋情失败了，没有处理好，没有完成自我重塑，就有可能出现人格上的退行。已有案例表明，有些孩子因此性格变得怯懦，畏畏缩缩。有些变成"双面人"，在网络世界里开朗、大方，与人相处毫不费力，在现实生活中却拘谨木讷，很少说话，不敢与异性交流，甚至惧怕异性。

总之，在青春期这个特殊的阶段，通过与异性交往培养出来的能力和自信，是其他任何一个阶段都无法替代的。

2. 干涉要避免罗密欧与朱丽叶效应

十六岁左右既然正值异性眷恋阶段，那么男生被漂亮的女生吸引，女生对优秀的男生感到悦慕，就是自然正常的现象。如果孩子不对异性感兴趣，那其实倒更麻烦，后面我们会写到。

虽然这种喜欢的情感是正常的，可由此带来的影响却是异常的，所以必须要介入、要干涉，但干涉应该以引导为主，而不是粗暴地否定、责骂，以免激起罗密欧与朱丽叶效应。

心理学家对爱情这种情感进行研究的一个重要发现，就是确认了：**当出现干扰恋爱双方的外在力量时，男女双方的情感反而会因此变得更加浓烈。**

1972 年时，心理学家德里斯科尔等人在"双亲影响和罗曼蒂克爱情"的研究中，对 91 对已婚夫妇和相恋达 8 个月以上的 49 对恋人进行过调查，分析这些人的相爱程度与父母干涉程度之间的关系。结果发现，在一定的范围内，父母干涉程度越高，有情人之间相爱的程度也越高。于是人们借名于莎士比亚著名悲剧《罗密欧与朱丽叶》，称这种现象为"罗密欧与朱丽叶效应"。

该效应也称"禁果效应"：越是禁止的东西，人们就越想要得到手。

青春期的孩子本就情绪不稳，富于反抗性。强势的打压就容易触发禁果效应，使青春恋问题越发难以处理。

3. 运用假设法，设想青春恋的种种可能，合理引导，终结恋情

首先，肯定青春恋是合理的，没有发生固然好，但发生了也不是什么大逆不道

的事，是很自然的事。这就让孩子先明白自己的行为是正常的，父母是可接受的，爸爸妈妈是愿意与自己一起解决这件事的。

其次，充分听取孩子的诉说，中途不打断、不评论。认真地听取孩子讲述整个过程、感受以及对未来的计划（一般都没计划）。然后就可以通过提问来引导了，是否要你们立刻分开之类的问题先放在一边，提问的方向以这段感情的未来发展为主，可以问孩子：

"你们准备怎么办呢？一直这样维持下去吗？"

"如果是，那你觉得高二、高三，乃至大学毕业，会发生什么呢？"

"如果后来你们之间没有这种感觉了，或者他对你不好了，你打算怎么办呢？"

"你们是以结婚为目的吗？"（据调查，几乎 100% 的青春恋都没有想过结婚）

"那你想通过这个获得什么呢？总希望有些收获的吧？"

应该说，处于青春恋中的孩子，都是很看重此刻的感受，体验的快感大于一切，很少去认真想过未来。一旦去想了，就会发现，青春恋几乎是没有未来的。当他迟疑、茫然的时候，就是家长可以说理教育的时候了。

说理也要注意方式，可以不用命令式的"你要怎么样、你应该怎么样、你必须怎么样"一类的句子，不居高临下，不强迫服从。

三、帮他理解爱的含义：不要将"谈恋爱"作为逃避压力的方式

作为一个常常为学生做心理咨询的语文老师，很多时候我会首选从理解与交流的角度去解决问题。但有时也避免不了使用校规校纪，比如这一次的劝退。

两个高三不同班的学生谈恋爱，上午女生已经办理好手续，由成都赶过来的父亲接走了。而男生的父母此刻也正在办公室。

他们两个人趁午休时教师办公室无人，在办公室中约会。一名老师回去拿资料，发现门被反锁。用钥匙打开门，男生躲到了门后，女生躲到了桌子下面。老师发现窗帘拉着，很暗，就去开灯，男生趁机从门口跑了出去，女生则被老师发现。

她谎称是班主任让自己过来打扫卫生的。可打扫卫生为什么要反锁门和拉上窗帘呢？老师觉得不对，就通知了女生的班主任，以该女生为突破口，查出两人正在谈恋爱的事实。而男生在我班上。

"你们在办公室，有没有什么亲密举动？"

"没有！"男生一口否认。

"我既然这样问，就肯定已经掌握了一些事情，我不希望调监控。"其实办公室并没有监控。

最后他承认，亲了女生脸一下，就只是亲了一下，别的绝对什么都没做。

早恋违反了校规，但他的父母苦苦请求学校再给他一次机会。他们还不知道女孩已经离校了，而女孩爸爸的唯一要求就是男生也必须同样处理。他父母说毕竟高三转校对学习影响很大，而且他早恋只是因为学习压力太大了，一时不想面对才这样的，绝不是故意违反校规校纪。

为了证明这点，这个男生把他写给初中朋友、还没寄出的信给我看：

……

最后的一星期，期末考试把我搞得头昏眼花，这个学校迟早有一天会把我逼疯，我和妈妈说了好几次想转学，但这里的师资是真的很好，又舍不得。

进入高三已经快四个月了，在这儿是真的压力大啊。中午必须睡觉，不然你一下午到晚上的课就完了。然后就是各种考试考不好，再然后就是家长、老师继续给你施加压力，有时候实在累得不行了，就会想去致远楼楼顶吹吹风。

我相信他的话。高三学生中，如果发现有谈恋爱的，几乎一半以上的原因都是学业压力过大，想以此作为舒缓压力的一种方式。

有人曾做过问卷调查，高中生谈恋爱的动机有如下几种：

1. 缓解学业压力

高中阶段学习任务繁重，尤其是高三，不可避免地要产生心理压力和焦虑，以至于焦虑都成了高中生很常见的心理问题。为了缓解这种压力，超过三分之一的高中生选择谈恋爱来寻求理解、安慰、保护、帮助。

"他（她）特别理解我""与他（她）在一起很开心""考得不好会得到安慰"……两个人在一起时，可以暂时远离考试、远离作业。即使谈论与学习有关的内容时，也都是共同的吐槽，由此的确可以获得一分放松与愉悦。

2. 证明自己的"魅力"

"看起来那么高冷的某某，被我追到了""他（她）都能找到对象，我也不比他（她）差"等。不过这种自我认定（包括从众心理）一旦获得满足，"爱情"也就多半夭折了。

3. 家庭生活、人际交往等方面受挫，借此缓解

"与父母谈不拢，但他（她）理解我""班上我一无是处，但他（她）却会鼓励我、喜欢我"。

4. 为了长远打算

这个原因所占的比例最低，百分之三左右。

5. 把异性之间的相互吸引等同于爱情

"觉得他（她）很好""总希望看到她（他）""控制不了想与他（她）相处"，这些都是把青春期异性间的自然吸引当作爱情的典型表现。这种情况会随着年龄的增长、交往范围的扩大以及异性神秘感消失而自然终结。

6. 想通过这种方式证明自己的独立意识

青春期随着自我意识的发展、增强，极力想表现出自己的独立性和存在感，谈恋爱也是一种方式，通过这种方式来表明自己长大了，"我就是想让父母知道，我自己的事情可以自己做主"。

以上调查说明，绝大多数高中生的青春恋都是一种暂时性的现象，虽然名为谈恋爱，但出发点却几乎都与爱、感情无关。

"据我了解，这是你第二个女朋友了。你知不知道，第一个女生现在怎么样了？还有，你是不是和同学说过，你现在的女朋友比之前那个漂亮多了这样的话？"

"说过，但就只是聊天时随便说一下，我没有其他意思。"

我告诉他，那个女生的成绩本来上个二本毫无问题，但现在排名倒数。整整

一个学期了，成绩一直没缓过来。而且她长相本来就普通，有点自卑，你的话传到她那里，对她打击很大，甚至有了轻度抑郁的倾向。

"说严重点，如果她高考连本科都上不了，就是你害的。"

我也把被劝退女生爸爸的意思告诉了他们，告诉他你必须得转学，不然我们没法向女生家长交代，也不公平。他父母听了后也不再求情了。

他半天没说话，最后默默向我鞠了个躬："老师，麻烦您转告那个女生，对不起，我真不是有意那样说的，也没有其他意思。祝她能考上个好大学。"

我点了点头。

家长、老师为什么都很粗暴地反对孩子谈恋爱？归根结底，就是担心几方面的后果：**学业失败、风险性性行为和心理创伤。**

1. 学业

谈恋爱会影响成绩吗？你如果去问现在的高中生，大约有一半的人会回答不会。他们的理由大多是两个人可以共同学习，互相帮助，共同进步，会比一个人学有动力；这时候的感情很纯粹，以后进入社会就再也不会有这样的感情了。

最好的反驳就是事实，我作为老师直接处理过的、间接了解过的案例非常多，结论就是：青春恋对成绩的影响几乎都是负面的，不管出于什么动机，只要有了男／女朋友，心思就会分一大半在对方身上，不再专注于学习，成绩下降几乎是必然的。

虽然有一两个特例，但特例是没有论证价值的，孤例不证。

2. 风险性性行为

"发乎情，止乎礼"，可能是对青春恋最好的控制底线，但问题是，他们未必能做得到。别忘了，冲动性与自制性的矛盾是青春的根本特点之一。一旦彼此没克制住怎么办？就这个案例中，事后调查，其实男生不止亲过女生一次，在操场上，在校外，两人都有过亲密举动。一旦越过了底线，怎么办？

这样的例子不胜枚举，我的第一届学生中有一个长相漂亮、单亲家庭的女生，妈妈对她管控极严，导致她性格很叛逆。她毕业时告诉我，她和班上的一个男生在高二时就有过性行为了。她还吓唬过他，说自己怀孕了，结果那个男生脸色煞白，不知所措。幸好这是假的，如果是真的，这后果谁来承受？

3. 心理

前面对高中生恋爱的动机分析中可以看出，极少有人真正出自对某个人的喜欢，或有长远打算，所以谈一段时间就分了很正常。但就像教材《氓》中的一句诗所说的那样"士之耽兮，犹可说也；女之耽兮，不可说也"，男生还好，分了就分了，再找下一个。但女孩性格细腻敏感，容易陷进去，分手也更容易造成心理上的创伤。

📖 寄语家长

1. 教导孩子运用正确的方式处理学业压力

在第三章中我们说过，人面对压力时有四种反应模式：战斗、逃避、僵死、服从。灵活运用四种模式，综合应对压力，才能取得较好的效果。觉得学习压力很大的时候，是可以选择暂时避其锋芒，先逃避一下，但逃避也有许多种方式，不一定非要谈恋爱。

谈恋爱的确可以暂时缓解压力，这也是为什么该现象屡禁不止的原因。但这只是暂时的，学生应该自己也明白，压力并没有消失，只是暂时不面对了而已，而且时刻担心学校会发现，这种隐形的焦虑其实反而会加重心理负担。

同样是避开压力，方式很多：可以选择倾诉，身边的亲人、老师、朋友都是很好的倾诉对象，一股脑儿地把烦恼倒出来，就可以立刻缓解一些压力。可以吃东西，研究表明，有的食物有直接减轻人心理压力的作用，比如维生素C。当人承受着巨大的心理压力时，身体会大量地消耗维生素C，这时可以多吃一点橙子、草莓、菜花、菠菜等富含维生素C的食品。还可以到操场去跑步，去运动。运动时大脑没有时间去想别的事情，运动后产生的多巴胺可以带来和男女恋爱时差不多的愉悦感。可以听会儿音乐，写一封信给自己，冥想五分钟，等等，这些都是避开压力的方式。

但一定要和孩子说明，逃避只是为暂避锋芒，是为了战斗模式做准备。对于学业压力，逃肯定是不能解决问题的，最后一定要战斗，战胜来自各学科的压力。可以先树立一个明确的学习目标，然后再把它拆分成一个个能够完成的小目标，用成绩的提高来认可自己的努力，用完成阶段性目标所带来的成就感去对抗、战胜压力。

2. 告诉孩子一旦突破底线可能会造成的后果

通常来说，在孩子9岁前，父母就应该完成前期性教育，这样才能让孩子在发生青春恋后进行自我保护。

现代的信息非常发达，孩子到了高中，其实对性行为有很多了解，但这些了解，仅仅停留在想象层面，他们还没有产生足够的警惕性。所以，父母在肯定青春恋这一行为的正常性、合理性的同时，必须告诉孩子存在的风险，提醒孩子可能给自己、给对方带来的伤害。

"你有没有想过，你们这样的关系，会有什么风险？"孩子一定知道你的所指，不管他如何回答，你都要告诉他："你们如果在某个时刻觉得特别情投意合，发生关系了，会怎么样？""即使有保护措施，也不是百分百的，万一怀孕了，你该怎么办？"这些话对高中生一定要讲，对初中生要不失时机地讲。

怀孕这个后果一定要用图片、具体的案例来展示，仅仅空泛地说道理是远远不够的。尤其对女孩子，要让她在具体鲜活的例子面前产生内心的警惕，明白性行为可能导致怀孕的灾难性后果：那时候你还怎么进行学业？怎么面对老师、同学的眼光？你不可能生下来，就只能做手术，那是对身体和心理的双重伤害，你能承受吗？之后你的整个生活都不同了。这些后果要让孩子有所预知，并且可以由此引出性教育话题，告诉孩子什么是安全性行为，如何做到自我保护。

青春期的感情就像蔷薇，有花有刺。花的美丽让人一时忽略了刺，可花期一过，那便成了无花的蔷薇——只有刺的狰狞了。不是完全否定青春恋，而是希望留到更好的时机，花开之后，可以结出果实。

四、如何正确处理孩子的暗恋

一向成绩稳定、乖巧听话的苏彤，期末成绩突然下滑。期末考之后就是家长会，我和她妈妈与她一起寻找原因，她虽然很配合地回答着我们的询问，但整个人却始终一副心事重重的样子。我安慰她说一次失利并没有什么，好好利用假期调整心态，实现弯道超车，在开学的考试中不要再次失误就好。

家长会结束后，我在办公桌上发现她留给我的一封信，才知道她成绩波动的真正原因：她暗恋一个男生很久了。

孩子是否正在青春恋，通常有如下几个表现可以判断：

1. 成绩突然波动，多半是下滑，上课不再特别专注

首先要注意是突然发生波动，在此之前成绩一直稳定。说谈恋爱不会影响学习，那只是学生的自我安慰，或者是极为稀少的个例。

家长们千万别被各种自媒体、影视剧所带偏。作为一线教师，我不否认真有谈恋爱不影响学习的，甚至还有修成正果的，但是，概率万中无一。几乎所有的青春恋都会对学习成绩造成负面，甚至是毁灭性的影响。所以无论家长还是老师，都会谨慎处理这方面的问题，而绝不能放松纵容。

但需要指出的是：青春恋几乎一定导致成绩下滑，但反过来，成绩下滑却未必一定是在谈恋爱，前者只是后者的充分不必要条件。所以孩子一出现成绩下降，家长立刻就归因于早恋，也是令孩子比较反感的行为之一。

2. 变得喜欢打扮自己，特殊节日时会准备礼物

如果之前孩子并不怎么讲究穿着，可从某个时段开始，突然注重衣服搭配、款式色彩，讲衣品，对发型也有了要求，特别注重形象了，那多半是心中有注意的人了。

著名推理小说《嫌疑人 X 的献身》中有这样一个细节：

石神看着两人映在一楼玻璃门上的身影，微微摇头。"你看起来还是这么年轻，和我大相径庭，你的头发也很稠密。"

男主汤川学立刻就怀疑他恋爱了，因为只有恋爱中的人才会在意自己的外表，而石神原本是个总穿一件衣服，并不在意外貌的人。

有了青春恋的倾向，自然就会关注与爱情有关的节日，并会准备相应的礼物，家长要留心观察。

3. 情绪敏感多变，常常心不在焉或心事重重

青春期的孩子还没有足够的经验去处理感情问题，性格本身也正在塑造之中，而感情本就是多变的，上一刻也许还言笑晏晏，下一刻突然就莫名其妙地生气了。面对这种种变化，他们的情绪也会随之起伏波动，表现得敏感多变：突然间发脾气，突然间沉默不语，或者接到一个电话或短信后就突然间一个人跑了出去……这些都是值得注意的现象。

我打开她的信：

"老师，他是一个很像混混的男生，我与他是初中同学。他做过一些令人不齿的事情，以至于家长、老师提及他总是一副不屑的神情。我以为我们会是两条平行线，然而事不尽然。

"初中毕业后，上了高中，我有了自己的手机、QQ，与他成了好友，我们的对话始于一句'你好'。那段时间我身上发生了一些不太如意的事情，总忍不住找他说话，他的反应很平淡，但说完之后，我就不是很伤心了。

"我了解到了一个不同于他人口中的他，很成熟，思虑周全，为人仗义，一个很好的男孩子。但是别人依旧很讨厌他，我总是会和他们争论，但他却不以为意，不放在心上，这个时候我就有一种无力感，不明白我为什么要在意他自己都不在意的事情，真是很奇怪的一种情绪。"

我倒觉得一点也不奇怪，当苏彤开始在意时，说明已经有情愫在产生了。但我查了一下，这一时间里她的成绩依然稳定，没有什么波动，这说明在这之后肯

定发生了一些影响她心境、情绪的事情。

"不久前，我与他联系，我说'520'这天情侣就不能对单身狗友好一点吗？他说他收到了玫瑰花，他有女朋友了。我看到这几个字的时候，脑子里暂时空白了一下，我从未想过他会有女朋友。我问他很喜欢她吗。他说是的，真的很喜欢，觉得自己配不上她。我从未想过他在这个年纪遇到了一个他真的很喜欢的女孩子，我眼睛有点酸涩，不想再同他谈论他的女朋友了。我们的对话终于一句'再见'，而这次再见，不知要多久。"

"老师就当我找了个树洞吧，不必太在意。"

她说让我不必在意，其实她自己却很在意。从信的结尾看，道理她都懂，但一时半会却还做不到。我征求她的意见，是否可以将信交给她的妈妈看，让她了解成绩波动的真正原因，也避免妈妈担心。她想了想说，还是不要吧，她知道该怎样做最好。

"我们分散于拥闹的人群，我们是彼此生命中的过客，在某个点交汇，然后远离。"

这是她信的最后一句话，写给那个永远不会读到这句话的男生，也写给自己。的确，这样最好，这是最好的结局。

📖 寄语家长

1. 禁止孩子的一切交流、沟通手段不切实际，也未必就一定能阻止青春恋的发生

有些家长认为孩子既然都是通过微信、QQ 等聊天工具认识、交流的，那只要把这些都禁止了，自然就能起到阻断效果。其实未必，我知道一个学生，父母对她的管控特别严格：手机常年上锁；QQ、微信等都有时间限制；游戏、小

说、漫画一个都没有。但她为了看一部喜欢的小说，用了一个不可思议的办法：在App"口语100"的换头像那里，看相册中的截图，每次只有不到一百字。

青春期的孩子需要自由的空间和被尊重，强势禁止这种手段只会激发更多的反抗。而且没有同龄人的交流，也容易产生其他心理问题。

2. 让暗恋透明化，失去神秘感，引导其无疾而终

暗恋的一大特点是一方没有挑明，两人并没有真正近距离地在一起，所以也就不能真实、全面地了解对方。这份距离感在暗恋中很重要，因为它能激发一方的想象，将自己期待的种种美好都投射到对方身上。

我的班上也曾有一个女生暗恋某个男生，她在告诉我之后（我常常化身为树洞），我这样处理：给她一个任务，把她的座位调到那个男生附近，让她用一个月的时间，找出这个男生身上的三个缺点。因为在她给我的描述中，这个男生十分完美。这其中必然有晕环效应，有很大的自我想象成分，她将自己所设想的许多美好品质都投射到这个男生身上了，一旦抛开这种滤镜，就会发现真实的他。

结果仅仅两周，那个女生就向我反馈：他不是很爱干净，打饭有时插队，和同学说话时声音很大，不考虑他人……

"那你选择包容接受吗？"

她不好意思地笑着摇了摇头，一段暗恋无疾而终。

这个案例中的苏彤也是如此：暗恋的男生在读职高，两人很少见面，都是在QQ上交流，这种距离感会赋予苏彤许多想象成分在她所谓的喜欢中。如果现实中对这个男生了解全面一些，可能结果就不一样。

所以，家长可以想办法破坏掉暗恋中的这种美好想象，让暗恋自然终止。

给大家这样一个案例：女孩是高三的学霸级别，和一个成绩比自己差一些的男生彼此喜欢。被发现后，女孩的妈妈（是老师）与女孩促膝长谈，告诉她什么才是对爱的正确认知："如果只是索取让自己高兴，这不叫爱，这叫自私。爱的意义应该是让对方也变得更好，你能让那个男生像你一样考上重点大学吗？你能做到吗？"最后的结果是，两人真的都超过重本线几十分，但没有走入同一所学校，后来怎么样，我就不清楚了。但这是一个把青春恋的情感力量转化为学习动机的成

功案例，希望可以启发大家。

五、如何帮孩子走出"失恋"的痛苦

李可最近的表现一点也不人如其名，平时他是一个积极乐观、阳光开朗的男生，学习努力，各科成绩都力争上游。但最近一段时间却总是情绪低落，学习也没了热情，有一点得过且过的意思。而造成这一切的原因并不复杂：他失恋了。

他和那个女孩因为音乐而认识。两人同在一个俱乐部练习，李可学习小提琴，女孩学习钢琴，在一次合奏比赛中，两人一组，李可发挥出色，女孩却出现了几个失误，最后两人与奖牌擦肩而过。女孩很自责，哭得很伤心，李可倒觉得没得奖也没什么，就去安慰她，两人从此便熟识了。后来自然而然地发展成了男女朋友，度过了一段对于李可来说十分难忘的甜蜜时光。可是在国庆的时候，女孩突然提出了分手，很决绝，连回复的机会都没有给李可，直接拉黑了所有的联系方式。

这令李可情绪非常糟糕，他无论如何也无法控制自己不去想这件事，他忘不掉女孩，更难以释怀为什么会突然分手。

李可无法释怀、忘不掉对方其实很正常，就像人都很难忘记自己的初恋一样，这背后其实也有心理学依据：未完成事件（unfinished business）。

大量的心理学研究已经证实，"未完成事件"总是让人更加难以忘记。有心理学家曾做过这样的实验：将志愿者随机分为两组，同时完成一道有难度的数学题。一组给 40 分钟时间，而另一组只给 20 分钟时间。结果发现，那些已经完成题目的人，在第二天的回访中很快就不记得题目的具体内容了，而那些没有充足时间完成题目的参与者们仍能清晰地回忆题目细节。

在这部分人心中，那些没有完成的题目成了他们的"未完成事件"，占据了他们的心理空间，他们可能在吃饭的时候仍在思考着这道没解完的题目。

不告而别也是一种未完成事件。

情感中，一方的不告而别属于典型的未完成事件。那些不告而别的人，会在我们心中形成"未完成"的印象，给我们的心理造成一种持久的缺憾甚至是创伤。这种创伤具体而言有两个方面：

a. 不确定性

认知心理学观点认为：人对于"不确定性"的容纳度是很低的。由于对方事前什么都没有告诉我们，突然间就结束了，会让我们产生一种"世事无常""生活中没有什么是可以确定的"的感受。这种不确定性让我们猝不及防，难以接受，从而感到十分痛苦。

b. 安全感受到冲击

当一段亲密关系在毫无征兆的情况下戛然而止时，会给个体带来沉重打击：它让人的安全感几乎完全丧失，难以再去信任、亲近他人。有的人在失恋后甚至会出现抑郁、创伤后综合征等应激反应，在很长一段时间里也走不出去。

在李可这里，这段短暂的青春恋就是一个未完成事件，只是他自己未必意识得到。他不是不能接受分手这样的结果（毕竟是早恋，对结果心中早有预判），而是觉得分手不应该是这样的。前一天还一如往常，彼此聊天，互相关心，突然第二天对方就留言告诉他：我们结束吧，然后就断了所有的联系方式。

如果两人之间一直有矛盾，常常争吵，总是不欢而散，最后女孩说分手，他就觉得顺理成章。但现在的状况让他总觉得，女孩一定有某种不得已的苦衷才这样说的，这让他始终无法释怀，这种心境不可避免地影响到了他的学习状态，乃至精神状态。

我了解到那个女孩所在的班级，与班主任取得了联系，又几经周转，联系到了这个女生。我打电话过去，最后才了解到她和李可分手的真实原因。

女孩并不是本地人，是新疆人。父母来这里打工，所以她也在这里读书。现在父母准备回新疆了，她自然也不可能留在这边了。而且奶奶因为生病住进了ICU，她必须要回去看奶奶。所以断掉了和李可的所有联系方式，既然不可能在一起，那么不如早点分手，这样彼此的伤害都会小一些。不得不说，是个很好的女孩。

得知这一切的李可半晌没有说话，但我知道，这个事件已经不再是他心中的

"未完成事件"了，他以后会慢慢释怀的。之后的一个月中，李可的学习状态在逐渐恢复，最后在月考中语文取得了 113 分的不错成绩。

但他还是告诉我：女孩曾说过自己的理想是浙江大学，他现在也以此为目标而努力，希望两人还有相见的那一天。

朋友曾祝福过他们：甜到奶茶店，爱到民政局，疼到妇产科，忠到火葬场。

哎，少年到底还是少年啊。

📖 寄语家长

1. 了解失恋后的心理阶段性变化过程，有针对性地帮助孩子

在失恋之后，人的心理一般会经历四个阶段，不同的阶段对应不一样的情绪，分别是：情绪波动期、情绪缓和期、情绪稳定期和恋情格式化。

波动期

这个时期大概就是在失恋后的一周内。想得很多，思绪万千，但越想越烦躁，只想弄清楚分手的原因，挽回对方，但这个时候的挽回只是因为难过到了极点而已。这一阶段是最不理智的阶段。

这个阶段，告诉孩子一定要把不良情绪宣泄出来，不要郁积在心里。

可以哭，可以看爱情电影，可以听伤感歌曲，但最好的，还是和人倾诉。如果觉得父母很开明，那就找他们倾诉，他们会永远站在你这边；如果有不错的班主任或者其他非常信任的老师，那就找他们聊一聊，他们会教你方法；如果有很亲近的朋友，那就找他们诉诉苦，他们会和你一起吐槽并安慰你……总之，关键是把心中的难受说出来。

这个阶段不要太在乎面子，因为这个阶段是最脆弱的时候，如果不采取一些行动，脆弱的心理状态会带来很多负面影响。

缓和期

经过了几天的情绪波动，这个时候逐渐从冲动的情绪中走了出来，开始正视事实。这个阶段，引导孩子接受、回归。

当我们能够合理化一个结果的时候，我们就会接受这个结果，并且痛苦会因此而减轻。静下心来好好想想，失恋不会因为你的情绪如何而改变，要接受失恋这个事实。接受之后就是回归，回归到正常的学习生活中去，上课、练习、作业、吃饭、睡觉，该怎么样就怎么样，重回正轨。但刚开始可能会比较难做到。

稳定期

这个阶段，告诉孩子只需要做一件事，就是总结和反思。

先引导孩子的认知：失恋是一段成长过程中的必然经历，它的意义就是让你从中有所收获，这样这段经历就完成了使命。如果孩子能这样想，那就克服了"未完成效应"，将之视为一个已完成的事件。

再和孩子一起总结：既然是一段经历，从中有所收获，那我们从中收获了什么呢？

首先，爱情不是追求来的，而是吸引来的。如果你不会小提琴、不懂音乐，你们就不会相遇，即使相遇了，她也不会在意你。那么就努力提升自己，让自己变得更加优秀，在大学中，自然会吸引人靠近。所谓"你若盛开，蝴蝶自来"，说的就是这个道理。

其次，没有基础的感情一定走不远。可以和孩子一起假设：就算家长不阻止，就算她不搬家、不转学，就算你们都喜欢对方，你们的感情就能够有结果吗？不会。因为此时的你们，除了所谓的喜欢，什么都没有，没有经济独立，没有未来规划，没有承担责任的能力……没有根基，任何事物都是不能长久的。什么是你的根基？就是你此刻的学业、未来的工作、更好的自己。

最后，反思一下自己在这段感情中的得失，做对了什么？做错了什么？哪些可以做得更好？

格式化

将过去的痛苦彻底格式化，一切重新开始。如果仅仅是回归到原来的样子，那还不能算真正的成长，成长是要变成一个更好的自己。所以要打破学习与生活上的舒适圈，挑战难度，积极参与之前没参加过的活动，完全消除失恋带来的负面影响。

在这个阶段，父母要积极鼓励孩子，潜心向学，勇往直前。

2. 让孩子阅读下面这篇短文

讲道理其实是有用的，但家长们未必能讲得好，不过我保证下面这篇文章，失恋的孩子读过之后，情绪一定会好上许多（因为有大量实践检验为证）。

《苏格拉底与失恋者的对话》

苏格拉底："孩子，为什么悲伤？"

失恋者："我失恋了。"

苏格拉底："哦，这很正常。如果失恋了没有悲伤，恋爱大概也就没有什么味道了。可是，年轻人，我怎么发现你对失恋的投入甚至比你对恋爱的投入还要倾心呢？"

失恋者："到手的葡萄给丢了，这份遗憾，这份失落，您非个中人，怎知其中的酸楚啊。"

苏格拉底："丢了就丢了，何不继续向前走去，鲜美的葡萄还有很多。"

失恋者："我要等到海枯石烂，直到她回心转意向我走来。"

苏格拉底："但这一天也许永远不会到来。"

失恋者："那我就用自杀来表示我的诚心。"

苏格拉底："如果这样，你不但失去了你的恋人，同时还失去了你自己，你会蒙受双倍的损失。"

失恋者："您说我该怎么办？我真的很爱她。"

苏格拉底："真的很爱她？那你当然希望你所爱的人幸福？"

失恋者："那是自然。"

苏格拉底："如果她认为离开你是一种幸福呢？"

失恋者："不会的！她曾经跟我说，只有跟我在一起的时候，她才感到幸福！"

苏格拉底："那是曾经，是过去，可她现在并不这么认为。"

失恋者："这就是说，她一直在骗我？"

苏格拉底："不，她一直对你很忠诚。当她爱你的时候，她和你在一起，现在她不爱你，她就离去了，世界上再也没有比这更大的忠诚。如果她不再爱你，却要装着对你很有感情，甚至跟你结婚、生子，那才是真正的欺骗呢。"

失恋者："可是，她现在不爱我了，我却还苦苦地爱着她，这是多么不公平啊！"

苏格拉底："的确不公平，我是说你对所爱的那个人不公平。本来，爱她是你的权利，但爱不爱你则是她的权利，而你想在自己行使权利的时候剥夺别人行使权利的自由，这是何等的不公平！"

失恋者："依您的说法，这一切倒成了我的错？"

苏格拉底："是的，从一开始你就犯错。如果你能给她带来幸福，她是不会从你的生活中离开的，要知道，没有人会逃避幸福。"

失恋者："可她连机会都不给我，您说可恶不可恶？"

苏格拉底："当然可恶。好在你现在已经摆脱了这个可恶的人，你应该感到高兴，孩子。"

失恋者："高兴？怎么可能呢，不管怎么说，我是被人给抛弃了。"

苏格拉底："时间会抚平你心灵的创伤。"

失恋者："但愿我也有这一天，可我第一步应该从哪里做起呢？"

苏格拉底："去感谢那个抛弃你的人，为她祝福。"

失恋者："为什么？"

苏格拉底："因为她给了你忠诚，给了你寻找幸福的新的机会。"

● 话题虽然沉重，但却必须面对：自我伤害

青春期的自我伤害非常普遍，然而许多家长根本不知道、不相信自己的孩子

也自残过。自残的另一种学术性叫法叫做非自杀性自伤，老实说，之前我并未关注过这个方面。然而，偶然间了解到一个同学自残的事实后，我用问卷法在班级中做了一次调查，非常惊讶地发现，自己所执教的班级中竟然有三分之一左右的同学有过自残经历。我不知道这个比例放到其他班是不是也是成立，但的确从未想过会有这么多同学自残过。我真挚地希望这一章，能够帮到家长朋友们。

一、化压力为动力，找到正确的情绪宣泄途径

在告诉我之前，没人知道陆泽曾经自残过两次。

至于原因，他说第一次调班时，自己从普通班调入重点班，刚刚有些熟悉的普通班说散就散了，很不适应。而来到重点班后的第一次月考，成绩就倒数，后来上课经常画画，听课不认真。本来寄希望于半期考，结果涂答题卡时出错，36分直接变成12分，成绩再次倒数。看过试卷后，人是懵的，回到座位上拿了张纸，拿了把削笔刀，本意是想割纸来发泄一下心中的烦郁，但被化学老师看到："你拿刀干什么？把刀放下！"

结果鬼使神差一般，听了这句话后，陆泽脑子里突然就想象出自己的手滴着血的画面。

画面在脑海中不断地重复，控制不住。

自残背后的动机比较复杂，需要结合具体情况去分析。导致陆泽本次自残的直接原因是他脑海中自己想象出的、不断强化的那个画面，这是一种妄想/命令性幻觉。

青春期的孩子易冲动，想象力活跃，自律性又差，有时理智无法控制自己的行为。这种强制性想象如果反复、经常性地出现，就很有可能是精神方面的问题，需要去看专门的医生。而更深层次的原因则与他之前的一系列受挫有关，他说本想通过用刀割纸来发泄一下心中的压抑。"发泄"是一个关键词。

我们在心情糟糕的时候大都会选择宣泄一下，将自己的怒气、不满向其他事物

转移，这就是心理学中的"踢猫效应"：一个父亲在公司受到了老板的批评，回到家就把正在沙发上跳来跳去的孩子骂了一顿；孩子心里生气，狠狠去踹身边打滚的猫；猫逃到街上，正好一辆卡车开过来，司机赶紧避让，却把路边的孩子撞伤了。

人的坏情绪，由地位高的向地位低的依次传递、转移，由强者传向弱者，最后，无处发泄的弱小的猫就成了牺牲品。

这其实是人的一种心理防御机制：转移，更准确地说，是负向转移。

人的心理具有多种防御机制，按照行为性质可以划分为：

1. 逃避性防御机制：压抑、否认、退行；

2. 建设性防御机制：认同、升华、幽默；

3. 攻击性防御机制：转移、投射；

4. 代偿性防御机制：幻想、补偿；

5. 自骗性防御机制：隔离、分裂、歪曲、合理化、理想化、反向形成、仪式与抵消。

心理防御机制的分类角度不同，结果也会不同，甚至有的学者认为，心理防御机制的种类可以多达上百种（人真是一种复杂的生物啊）。

陆泽的自残，就是通过转移的方式来化解心中的焦虑。转移有两种方式，可以是对象（或目标）的转移，也可以是方法的转移或情绪、情感的转移。陆泽本想将考试成绩不好而引发的负面情绪转移到纸的身上，通过割纸来发泄，这属于对象的转移。但却因为脑海中想象画面的诱导、影响，而将转移引向自身，由纸变成了自己，最后发生自残。

陆泽的第二次自残危险性较大。

临时成立的重点班只存在了一个学期，下学期便又被打散重组，因为期末考试成绩不佳的陆泽重新又被分入了普通班，这对他的打击很大。成绩方面，学了那么久，反而还不如入学时。心理上，没能回应身边人的期待，再加上调回普通班的巨大心理落差，令他内心异常烦躁。他非常讨厌听到"你是从英才班掉下来的"这句话，这仿佛是一种羞辱。大概一周后，他给家里打电话，妈妈又提起这件事，并为此唠叨个不停。陆泽中途不耐烦地说了两次"你能不能不要再说了？"但都没能阻止妈妈的数落。

这一刻，心情烦躁到了极点，只觉得心中异常的憋闷，仿佛憋着什么东西，一定要释放出来才痛快，强忍着没有哭。

挂了电话，恰好遇到好友，他也自残过，于是，陆泽又产生了第二次自残行为……

事后他承认，那时人是傻掉的，根本感觉不到痛，痛是之后才感觉出来的。

这次自残的深层心理原因，仍是以转移的方式在进行自我防御。

导致他情绪异常烦躁的原因是巨大的心理落差和自己的妈妈，这两者一个抽象，一个是自己的母亲，都是不可能也无法进行直接攻击的。既然不能直接，那就将直接攻击转移为间接攻击，这属于方法的转移。那么谁和这两者都关系密切呢？当然是自己。转向自身攻击，导致了第二次自残行为的发生。

我们借助转向自身来摆脱心理上的痛苦，这听起来似乎有些不可思议，但是伤害自己、对自己发脾气的确可能成为一种防御行为。

自残的危害毋庸置疑：因为通过自残行为可以让自己事后暂时平静下来，于是慢慢地就形成了"犒赏机制"：孩子一旦心情不好，就想要自残，以身体的疼痛来缓解心理的疼痛，形成习惯性自残。再者，一旦一般的自残已经不能刺激自己的神经，不能再缓解痛苦的时候，就会加深自残的程度，最后甚至会危及生命。自残是一种向内攻击的行为，长此以往，孩子会变得不敢向外行动，性格怯懦。

好在当陆泽了解到自己自残行为的深层原因后，自身很积极地做出了改变，用更积极的防御机制来调节自己的不良情绪，后来彻底远离了自残。

📖 寄语家长

1. 不要害怕谈论自残行为

如果父母发现自己的孩子有或有过自残行为时，首先要做的是敢于和孩子谈论这个话题，不要去回避。你去认真了解他们的感受，他们会因为有你的理解而感到舒服和轻松。如果他们不愿意与你分享自己的感受，那家长们可以做一些简单而积极的活动来转移孩子的注意力，比如一起去看电影、去公园散散步等。

2. 当孩子愿意分享时，做一个好的倾听者

父母需要以冷静、关心的态度来看待这种行为，需要仔细倾听孩子的烦恼，了解他自残的原因。要承认和理解他所经受的痛苦（尽管这些痛苦可能在大人眼中不算什么），暂时先不要对孩子的自残行为进行批评，更不能为此惩罚孩子。父母要向有自残行为的孩子表示关爱与理解，重点询问孩子身上到底发生了什么事情，问他怎样做才能帮到他。父母要在孩子面前积极、乐观一些，父母的生气、怨恨和痛苦都只会令孩子感到更加内疚和自责，让情况变得更糟而已。

3. 密切关注孩子的情绪

日常相处中，父母与孩子之间有争吵是免不了的，但如果在争吵中孩子出现情绪异常（异常激动或者异常沉默），这个时候，应该，或者说必须要停止说教，让孩子和自己都冷静一会儿。千万不要抱着"我是为他好，我是家长，用不着迁就孩子"这样的心态，继续在言语上批评孩子，刺激他的情绪。

我们反复说过，青春期的孩子易冲动，自制力差，做事不计后果，针锋相对、不断刺激的后果很有可能就是孩子的极端行为——自残乃至一时冲动的自杀。因为他没有办法直接攻击你们，你们是他的父母，所以他就采用转移手段，将攻击行为转移到自己身上。他是你们的子女，他伤害自己，你们也会痛苦，这样才能报复你们。

还有这样的新闻也在提醒着家长们：

4月17日晚间，上海浦东新区卢浦大桥发生一起跳桥事件。一名17岁男孩在车里与母亲发生争执，一气之下冲出后车座，纵身跳下卢浦大桥，当场身亡，酿成悲剧。

据了解，男孩的母亲当晚在上海浦东新区卢浦大桥正在驾驶汽车，与儿子在车内发生争执，男孩一气之下冲出汽车后座，在卢浦大桥引桥处跳桥，随后母亲

立即从车中追出，试图拉住男孩，但最终还是没能阻止悲剧的发生。男孩母亲当场跪地大哭，当 120 救护车赶到时，男孩已无生命体征。

当时车就停在高架路中间，开着双闪，说明母子二人在车内争吵得很激烈，已经不能正常行车了，所以母亲才会不管不顾地就把车停下。最后，儿子从车内跑出，直接跳下大桥，说明在他已经非常低落的时刻，母亲仍然不肯让步，仍在不停地说教。

我们想一下，亲人之间，对或错就那么重要吗？非要强迫对方承认自己错了才可以吗？为此不达目的便喋喋不休，毫不顾及对方的心理与情绪，这真的是爱孩子的正确方式吗？如果当时彼此都能退一步，母亲停止言语，两人冷静到回家再说，我想一切都会不一样。

最后男孩的行为，是对母亲的终极惩罚，是一辈子的枷锁，让其永远内疚自责，不得救赎。

4. 教导孩子用其他的方式来转移、宣泄痛苦

即使是运用转移的防御机制来宣泄痛苦，那也有许多种对象、方法。在痛苦压抑的情绪还没有到达到最高点时，可以试试听听歌、打打拳、闻闻香味、抱抱玩偶、洗个热水澡、和朋友聊一聊。

也许疼痛可以暂时释放空虚和压抑，那么试试握一块冰在手里，直到融化呢？带上拳击手套，狠狠打一顿沙袋，带着篮球去操场痛快地打一场篮球是不是也有所帮助呢？尝试给亲近的人写一封信呢？打打热线电话呢？找身边其他亲近的小伙伴聊一聊呢？把白纸撕成碎片、关起门来钻进被子里大哭一场、玩一局游戏……通过这样的行为让孩子认识到：不用伤害自己的身体，也可以排解自己的压力。

而升华是防御机制中最积极的方式了，如果能引导孩子将情绪压力转化为动力，通过追求自己喜欢的事物来寄托自己的情感，就像《兰亭集序》中所说的那四个字：因寄所托。那就是最好的处理方式了。

5. 为孩子寻求专业帮助

当父母发现孩子有自残行为而又不知所措时，可以向心理学工作者、精神科医生等专业人士寻求帮助。通过认知行为疗法、精神分析、家庭治疗等心理治疗方式，帮助孩子改变消极认知，学会控制情绪和行为。

二、他想引起别人的关注

杨川坐在教室的角落里，他身边围着一群同学，不时发出惊呼声，而班中的女同学则大多躲得远远的，神情又是厌恶又是害怕。他正在用圆规扎自己的手臂。有同学问他为什么这样做，他故意轻描淡写地回答，初中时经常这样干，其实也不为什么，就是无聊了，偶尔这样玩一下。

我得到消息后，立刻让班长送他去医务室包扎伤口，然后电话通知家长来学校领人回家，反省几天再说。我很确定他自残的动机，也很后悔没有早一点干预。

自残是指人对自身肢体和精神的伤害。但是精神伤害难以觉察，所以不特别说明的话，自残就是指对肢体的伤害，最极端的情况就是自杀。其实每个人都可能产生过自残的念头，只是大多数人不会真的行动而已。

研究者认为，自残的动机通常可以归结为如下七种：

一、释放情绪。这是自残者最常想达到的一种效果。当个人有太多负面情绪，包括对外界的愤怒、强烈的焦虑或挫折感时，就可能把自残当成应对压力的方式。特别是青春期的青少年，因为表达、处理情绪的能力还未彻底发展成熟，常常会用自残的行为来减轻负面情绪，家长应该多注意。

二、自我惩罚。对自己没有自信，或容易自责的人，也会用自残来表达对自己的愤怒，惩罚自己的不足之处。如果父母给予孩子过度的要求和期望，一旦孩子无法完成就狠狠批评，就容易让孩子变得自卑，未来遭遇挫折或者表现达不到父母要求时，会归因为自己很差，于是用自残来惩罚自己。

三、影响人际。自残者身边不乏关心他的家人、朋友、老师，但自残者每每让关心者感到疲累、挫败，甚至让人不想理会。因为他惯以自残行为来操控他人或吸引关心，甚至控制身边重要的人。

四、标榜独立。当对方要自己做不想做的事，如亲密伴侣要求分手、老板要炒自己鱿鱼，这时出现的自残行为是为了表达独立自主：只有我自己能掌控自己，你是不可能控制我的。

五、抵抗解离。当人面临很大的心理压力时，会让自己变得麻木，希望能忽视痛苦。但麻木也让人失去活着的感觉，因此借着自残，让自己感觉痛楚，重新获得活着的感觉。

六、抵抗自杀。当负面情绪累积到一个程度时，自残者可能考虑自杀。在尝试自杀前，如果能以自残来减轻部分负面情绪，就可能远离自杀。因此，自残或许是自杀的保护因子。

七、追求刺激。人体受伤时，脑部同时分泌"脑内啡"，让人产生欢快的感觉，将痛苦驱除。

如果自残是为了释放心中压抑的不良情绪的话，那么自残者通常都是不希望被人知道的。因为他很担心别人知道后会以怎样的眼光看自己，这毕竟是一种有点扭曲的方式，他担心别人会视自己为一个病人、不正常的人。一位为我提供自残素材的同学反复叮嘱我，必须保密，不能告诉任何人，可以写到书中，但必须要用化名。而杨川却选择在全班同学的面前做这种事，他不是在释放压力，相反，他是在吸引关注。

几周前的运动会上，国旗班训练时，杨川的背上不知被谁贴上了一条双面胶。旁边有人小声提醒他，但他没有发现，就这样走完流程后才知道，觉得很丢人就哭了。当时许多人走过来安慰他，他的表情是哭泣的，但仔细观察就会发现他的眼睛微眯，眼角有皱纹，微表情心理学的研究告诉我们，这是人在真正笑的时候才会有的表情特征。但他面部的整体表情却又是在传达哭这样一个信息，所以很不自然。

也就是说，此刻的他其实正在享受着被众人关注、被人关心的感觉。他是一个成绩很一般，长相很一般，也没有什么特长的学生，加入国旗班，其实也有着想要被关注的心理原因。

前面我们分析过，自残背后的动机之一就是影响人际、吸引关注。但这已经不是作为心理防御机制了，而是为了满足一种心理需求。

美国心理学家亚伯拉罕·马斯洛从动机的角度提出了人的需求层次理论，他根据人们需要的先后及强弱顺序，将需求分为了五个层次，这五个层次由低到高分别是：

生理需要：一个人能够维持生存状态的最基本的需要，如生活中的吃、喝、睡眠、休息等需要。

安全需要：一个人对身边环境的稳定、安全的需要，知道自己是被保护的，从而不会过分焦虑、恐惧，获得安全感的需要。

归属和爱的需要：一个人渴望自己被集体认可、尊敬、接纳、关爱、支持等的心理需要。

尊重需要：一个人能够得到他人的尊重，也有能力自我尊重的需要。

自我实现需要：一个人对成功的渴望，充分实现个人价值，发挥价值的需要。

这几种需求是由低到高、逐级产生并获得满足的。也就是说，当一个人同时处于饥饿、没有安全感、也得不到爱和尊重的情况下，他对食物的需求是最强烈的，因为这是第一层级的基本生理需求，此时其他的需求可以暂时忽略不计。不过，当他满足了食物的需求后，他不会就此止步，而是会产生下一级的需求，渴望安全。以此类推。

其中，当人处于12~20岁时，尊重需要会变得很强烈。

这一年龄段刚好涵盖了青春期。这一时期的孩子，身体机能基本完善，有些孩子可能长得和父母差不多高了。他们意识到，自己已经能为自己的行为负责了，不再需要父母的管教和庇护。他们衣食无忧，生理需要和安全需要已经降到很低的水平了，随之产生的是渴望被认可、被尊重的需要。

尊重需求包括两个方面：对成就／自我价值的个人感觉；他人对自己的认可与尊重。

如果无法满足尊重需求的话，人可能会变得很爱面子，容易被虚荣所吸引，也会想办法用各种方式来获得别人的关注、尊重：比如用暴力来证明自己的强大，努力读书让自己成为医生、律师来证明自己社会上的价值，不为人知的富豪突然大笔捐款、上新闻……

作为学生，当其他引人关注的方式难以实现时（比如优异的成绩，良好的人际关系，较高的颜值……），自残作为一种最容易实现的方式，就成了一个选项。然而自残一旦形成奖励机制后，就会变得上瘾。而当上一次的方式已经不能有效引起他人注意后，下一次的自残方式就会变得更加厉害。

杨川的妈妈来校后，带他去医院看心理科医生，结果回来后，杨川和我汇报说，他可能有精神分裂，身体里有第二重人格。我问他医生是如何检查的，他说有人给他头部做了一个扫描，我问他有几个医生，他说只有一个。

多重人格，现在已经不这么叫了，在诊断手册中被称为分离性身份障碍，属于一种精神疾病，而精神疾病必须且只能由专业人士——包括但不限于精神科医生、临床心理学家诊断，任何的自诊自诉都不可信。而且至少是两名医生在场，才能鉴定人格分裂这种问题。再者，这种病在影视作品中是常客，因为够戏剧性，可现实中极为罕见，确诊率非常非常低。

与其相信他是精神分裂，我更相信他是看了最近在学生中比较流行的《重口味心理学》而杜撰出来的。

他这样说，仍是想吸引别人的注意。

📖 寄语家长

1. 要细心留意孩子突然间的反常行为

他是否突然间变得不听话、乱发脾气、失眠哭泣、不想上学？是否在手臂上戴饰物来掩盖伤疤？是否突然间不喜欢穿短袖衣服了？是否比平时更容易发怒、心情沮丧、容易哭泣或是孤僻？学习成绩是否突然下降、注意力难以集中？睡眠是否有障碍，失眠或者嗜睡？是否突然就变得不愿意和人交流了？

父母、老师要留意孩子这些突然间出现的变化，因为这也许是孩子发出的一种求救信号。你会奇怪，既然是求救，那为什么不直接说？如果能直接说明，那孩子的心理就没有问题了。正因为心理压抑，所以才会以另一种形式释放出求救的信息。

美国的一项研究表明，孩子在自残之前通常是有一些征兆的。有一段时间的妄想期，幻想各种减轻痛苦的方式，幻想自残的画面。注意力因此变得很差，听课、写作业时常常走神，有时要家长、老师叫好几次才能回过神来。这个时候如果没有有效的介入和排解，下一步就可能自残。

2. 家长要自我反省一下，是否给予了孩子足够的关注

心理学教授特罗尼克曾做过一项名为"冷漠脸"的实验。

一个妈妈和一个坐在婴儿车上的宝宝，妈妈和宝宝互动。刚开始的时候，妈妈会用一些比较夸张的动作和表情来吸引孩子，而宝宝也会跟着妈妈一起动作。尽管这些表情看起来并不是那么好看，但是宝宝乐在其中，这个时候宝宝表现为舒适和快乐。接着，妈妈控制自己的表情，从之前的快乐、丰富转换为沉默、冷静。无论孩子怎么行动，怎么尝试，妈妈都无动于衷，像是静止了一样，没有给孩子任何的回应。逐渐地，宝宝感受到了氛围的糟糕，他开始坐立不安，眼神焦急，继续尝试之前的动作与妈妈互动，但当宝宝发现任何举动都得不到妈妈的回应时，开始崩溃大哭。而妈妈立刻恢复之前的关注与回馈,宝宝又在一瞬间就得到了安抚，完全忘记了之前的不快。

这个实验的结论就是：孩子从婴儿时期就会有情感需求，在与大人互动时，

他们渴望得到爸爸妈妈的关注，渴望得到爸爸妈妈积极的回应。

这种需要到了青春期也依然不变，如果父母经常无视自己的孩子，空闲的时候一直在刷手机，不理会孩子的需求，那么久而久之，就可能会形成不安全的依恋关系。长此以往，孩子的情绪可能演变成用冷漠代替不安，用麻木代替悲伤，最终变得抑郁，用异常的手段去博取关注。

3. 帮助孩子建立正确的认知，采用合理的手段来赢得关注

肯定孩子想要获得关注的心理需求是正常的，但要以合理的手段、积极的途径。

可以将孩子的这种心理引导为学习动机。所谓歌者的歌，舞者的舞，侠客的剑，文人的笔，每一种职业都有自己的职业尊严，能做到最好，自然就能赢得别人的关注和尊重。那作为学生，学习就是自己的职业，通过潜心地学习，取得优异成绩，自然就能获得同学们发自内心的尊重。

如果学习上有困难，那乐于助人、热情开朗的良好品格，某一方面突出的兴趣爱好，勤勉、踏实的生活作风，良好的人际沟通能力，身边有许多好朋友……都可以成为让人关注的点，完全不用选择极端的方式。

三、不要被情绪冲动所左右

"那一刻我恨不得从楼上跳下去算了，我就冲了出去，还好被爸爸拦住了，现在回想起来自己也很后怕。"这是我一个学生说的原话。因为那一刻，她妈妈就是不肯停下来，不断地责骂着心情低落到谷底、几近情绪崩溃的她。如果没有爸爸的拦住，很可能她就跳下去了，也许在空中坠落的过程中她会后悔、恐惧，但一切都已经太迟了。

作为老师，我知道有时候仅仅因为老师的几句批评，就有学生冲动地跑到教学楼楼顶坐着，或者突然在教室里打开窗户。

青少年自杀按类型来划分的话，可以区分为：动机型、目的型、病发型以及冲动型，共四种类型。

动机型是因为某种原因所以自杀；目的型是以自杀为手段而达到改变某些人

或某些事的目的；病发型是精神疾病发作导致的自杀行为；而冲动型，则是情绪一时爆发难以自控而导致的快速自杀行为。

四种自杀行为中，最可怕的就是冲动型自杀，从吵骂冲突事件发生到出现自杀的念头，再到自杀的行为，大都只有几分钟甚至几秒钟就完成了，一念之间，天人永隔。

调查发现，在冲动型自杀中，起因几乎都是很小的事件。《中国教育发展教育报告》调查了 79 例中小学生自杀案例，发现孩子们决定自杀的理由如下：父母离异、被家长批评、被老师教育、被同学欺负、假期作业没有按时完成、成绩没有达到理想值、学习压力过大……

在成人看来，上述无论哪个理由都不足以严重到让人放弃生命；无论哪一个问题，都有太多种方式可以解决。然而这些孩子们，偏偏选择了最惨烈的一种方式，决绝地结束了自己的生命，到底是为什么？是他们太脆弱？还是我们太无知？不管背后原因是什么，至少有一点容易发现，这些导致孩子自杀的撞针事件几乎都是：**吵骂冲突事件**。

那为什么在大人眼中稀松平常的吵架，会引发孩子的自杀？在吵架冲突中，孩子的情绪究竟发生了怎样的变化？

1. 吵骂导致愤怒，被愤怒情绪主导的孩子只想证明自己、夺回边界

吵架时，人的情绪会从起初的不耐烦，到生气，最后发展到愤怒。吵架中最常见的情绪就是愤怒。但许多家长不清楚愤怒的本质是什么，愤怒的影响可以有多坏。

依据心理学家马斯洛提出的需要层次理论，人类具有五种层次的需要，当我们的需要得不到满足或者被剥夺之时，愤怒就会随之而来。所以日常生活中，愤怒其实是在提示我们：我们的需求没有被满足，或者遭到了剥夺。

在与父母争吵中的青少年，需求的是什么？是理解。

父母与孩子吵架最多的起因是成绩没有考好。但每个孩子有不同的性格，有的孩子根本无所谓，而有的孩子则特别有羞耻心，他没有考好，自己就已经很难过了，也完全知道该如何努力，但又很要面子，不想被别人批评。对于这样的孩子，你越是批评，他就越是反感，他最需要的就是父母的理解。而当这种需要没有被

满足，生气、愤怒的情绪就出现了。

仅仅只是愤怒，当然还不会导致自杀，但这种愤怒的情绪，会因为父母言语的升级而升级。

现代心理咨询中，常常会涉及一个很重要的词——边界，它代表着每个人必备的一种私人空间和个人的基本生活权利。当我们与他人互相欣赏时，就会愿意把自己的边界和他人的边界相融合，共同分享权利。但是，如果他人无视我们的权利，强行进入我们的边界，我们就会反抗。在学生的宿舍生活中，每个人都有一个柜子，如果别人未经允许就往你的柜子里放东西，你就会感到非常愤怒，因为你的空间被侵犯了。

吵架时，父母也在生气，生气这种情绪有个特点，就是只进不退，会越来越气。生气的人肌肉绷紧，血管充血严重，声音分贝高，非常容易因情绪失控而口出恶言，父母展现生气的目的是让孩子知道自己犯错的后果有多严重，可孩子需要的却是父母的理解，两者根本南辕北辙。

于是父母气愤的等级再次跳跃，可能会上升到肢体冲突，也可能会攻击孩子内心最不愿被碰触的点。因为彼此是最亲近的人，所以十分了解哪些是孩子最不愿意被提及的事，了解他的软肋，在极度的气愤中，家长可能会去刺激她最不愿被刺激的地方，用她最不想面对的事物来攻击她。将孩子的底线、自我权利的边界摧毁得支离破碎，让孩子心理受到难以忍受的伤害。

如果在这个时候父母说，你要是有骨气你就去死，你就别回这个家，你就怎么怎么样。孩子此刻只想维护自己的尊严，修复破碎的边界。他当然是个有尊严、有骨气的好孩子，而此刻你说去死就可以证明这一点，那好，这一刻，他就只想证明这一点。青春期的孩子缺少自律性，很冲动，做事不计后果，两者结合起来，悲剧就发生了。

如果家长们了解这些隐秘的心理，许多冲动型自杀都可以避免。

2. 青春期孩子对挫折的承受能力较弱

心理学家认为，青少年的自杀行为具有很大的冲动性和草率性。青少年的一个普遍特点就是对挫折的承受能力较弱。

面对同样的困难，有的人并不太在意，有的人能应付自如，而有的人却走上了自杀的道路，这与个人挫折承受能力的强弱有密切关系。如果一个人只能体验成功而不能接受失败，那么一旦遇到挫折，既不能克服又无法逃避时，就有可能将攻击性的冲动转向自身。当这种冲动十分强烈时，便容易导致自杀行为。

一般来说，冲动型自杀的人，性格往往存在一定的缺陷，比如过分内向、自卑、悲观、脆弱、多疑、孤僻、偏激等。这些性格弱点容易不自觉地放大负面影响，削弱人对挫折的抵抗力，在面对突发事件时的应对能力更为薄弱。对于这些本就应对能力差的人，恋爱受挫、学业压力、人际矛盾、经济压力等生活中的刺激性事件，往往是导致他们冲动自杀的最主要原因。

3. 缺少对抗自杀冲动的反向拉力

成年人轻易不会选择自杀，即使有这样的念头，也绝不会轻易实施，因为他们心中有太多的牵绊和不舍，这些不舍就如同一股向回的拉力，将他们从自杀的念头中拉回来。

自杀者在自杀前会存在"想死"但又"渴望被拯救"的矛盾心态。实际上，接近六分之五选择自杀的人并不是真的想死，他们最终选择自杀很可能只是一时冲动，或者他们是想借助自杀来表达内心某种不被理解、难以实现的诉求。

曾有研究认为，冲动型自杀者的冲动持续时间是 13 秒，假如熬过了这 13 秒，他们中的大多数就会放弃自杀念头。然而遗憾的是，未成年人来自自我价值、亲情、友情、理想等各个方面的拉力太小，心中没有什么特别牵绊不舍的人和事，导致冲动型自杀时常发生。

📖 寄语家长

1. 及时按下情绪暂停键

我所了解到的那些冲动的学生，他们无一例外地都表示了后悔和后怕，这说明，冲动型自杀是完全可以避免的。

从父母角度来说，就是在一些特定情形时，无论如何，都要暂停自己的情绪，不可以对孩子进行侮辱、责骂、攻击，引爆彼此的情绪。

以下是最容易引发青少年极端情绪的 10 个情境，家长们需要知道：

①和父母吵架，想要离家出走的时候；

②被同学取笑，想要打人的时候；

③临近考试，想要逃跑不敢进考场的时候；

④在考试时，头脑中一片空白的时候；

⑤考试不及格，越想越害怕的时候；

⑥被老师冤枉，想要一死了之的时候；

⑦被同学欺凌，心里害怕不敢求助的时候；

⑧在路上被人打劫，不知所措的时候；

⑨游戏存档被父母删掉，伤心欲绝的时候；

⑩被其他大人侵犯身体，羞耻害怕的时候。

因为是冲动型自杀，因为是小事成为撞针事件，因为从想自杀到去自杀的时间很短，所以在出现上述情境时，不管什么原因，都不要继续升级争吵，否则就可能面对"一失口成千古恨"的恶果。

内向的、羞耻心很强的孩子犯了错，批评不是首要的，原谅才是首要的。当他自己无法原谅自己时，父母要贴心地主动原谅，给孩子一个认错的台阶下。

能够冷静和放松下来，就意味大脑有机会思考应对策略了。这个时候，孩子就不容易做出自杀等冲动行动了。

2. 让孩子心中有牵挂

未成年人从想自杀到去自杀之间的距离非常短促，以至于即使是发现了自杀的征兆，也根本来不及救援，甚至撞针事件（一般为家庭或学校的冲突事件）甫一出现，就立刻想死并付诸行动。

未成年人快速去自杀，代表孩子心中没有能拉住孩子的牵挂。只要心中有让孩子留恋的人、事、物、情，这些带来幸福感的牵挂就会成为阻止自杀的拉力，去对抗想死的推力。

孩子心中的牵挂来自几个方面，包括：

①对家庭角色关系的满意度；

②对学生角色成就的满意度；

③对自己颜值、身材、健康的满意度；

④对自己特殊专长／才艺的满意度；

⑤对自己家庭（父母）的满意度。

这五方面满意度的高低，决定着孩子幸福感的高低，也决定着"拉力"的大小，是家长应该努力经营的方向。

3. 加强生命教育

家长对于孩子的安全教育一般都很重视，但对于死亡教育却基本空白。不仅没有真正的死亡教育，家长们甚至连关于生死的话题也很少和孩子提及，因为他们觉得孩子还小。

一般而言，在四岁左右开始，孩子对于死亡就有了模糊的概念。启蒙时期家长的教育很关键，要让孩子减少对死亡的恐惧，认识到生命的停止就像其诞生一样，都是一个自然事件。从九岁开始，孩子们对于死亡的认知渐渐进入成熟期，他们逐渐认识到死亡不可避免的，也无法逆转，会产生恐惧，不愿意面对。

这时候，生命的意义就凸显出来了，家长要教给孩子一个认知：**因为死亡，所以生命有限，因为有限，所以热爱，所以珍惜**。进而引导孩子树立珍惜生命、热爱生活的理念。让他们懂得寻找生活的乐趣和意义，追求自己喜欢的事物，去实现个人价值。

差异性地根据孩子的发展阶段来谈论死亡，让孩子认识到生命的可贵与死亡的后果，那么世界上轻易放弃生命的孩子也许就少了。

四、生活永远有明天，明天永远有无数种可能

梅知雪又在空间发了一条说说："我很多余。"她之前说说的内容大多是吐槽一下学习的压力，评论一下近期的热播剧集，或是和同学之间的玩笑。总之，是一

切青春期高中女生都会聊的内容。但最近的几条说说内容却充满了负能量："都是我的错就好了。""我如果死了你们会更开心吧?""活着和死去哪个更需要勇气?"QQ上的好友安慰她，让她不要这么伤感，她没有回应。

能使用QQ发说说，说明她有智能手机，而学校是严格禁止学生携带、私藏智能手机的，但她现在已经不想在乎校规校纪了。

很多研究自杀行为的学者和机构发现，人在自杀前常会出现一些异常的行为举止，如果我们能关注到这些行为，就很可能阻止自杀行为的发生。对于父母来说，如果孩子出现了以下这些行为，就特别需要关注。

青少年自杀前的征兆

生理上的变化

1. 睡眠突然发生显著变化，比较突出的表现是睡眠不好，如果连续4~5天睡眠不好，表现出焦虑，家长一定要注意。

2. 饮食习惯——与之前相比食欲大增或者没有任何食欲。

情绪上的变化

1. 情绪剧烈变化，容易发怒或沉默寡言，与平时反差很大，像换了个人。

2. 做自己喜欢的事情也没了兴趣，甚至对任何事情都提不起兴趣。

谈话内容上的变化

1. 谈论死亡或者自杀。

2. 经常说消极的话、从消极角度看问题："以后也不会变好了""将来会更糟""做什么都于事无补了，我已经无能为力了""我不能承担这一切"。

3. 暗示其他人，比如父母或家人，如果没有自己，他们会过得更好。

4. 通过QQ空间、日记等表示不想上学，活着没意思等负面情绪。

行为上的变化

1. 自残。

2. 给别人写一封遗书或告别信。

3. 不明原因的哭泣。

4. 远离朋友、家人，放弃之前重要的活动。

5. 上网搜索与自杀、死亡有关的信息。

6. 突然将贵重的东西交给别人保管、把自己的东西送人、归还借了同学的物品。凡是发现孩子把平常珍惜的录音带、CD、照片、海报、金钱或是其他任何珍贵的东西送人，都应该询问原因，因为这都有可能是他们在"安排后事"。

其他

1. 长期遭受欺凌或被同龄人排斥。

2. 近期频繁遇到重大危机，如学业、同学关系、家庭变故等。

当然，并不是说出现了上述内容就一定会有自杀行为，也可能只是一时的情绪消极。但家长应该抱着宁可信其有、不可信其无的态度，密切留意这些反常的行为。

而且，需要注意的是，女生在自杀前的尝试与意图宣示会较男生更多一些，如事先预警自己要自杀，有写遗书、割手腕等自残行为。而男生这些行为较少，自杀会更为决绝。

她打开《人间失格》这本书，翻到上次折页标记好的地方，用笔慢慢勾画着一些段落：

"我实在弄不明白，为什么我必须活着。想要活着的人继续活下去就好了。人，就像拥有生存的权利一样，也拥有死亡的权利吧。

"决意活下去的人，无论遭遇什么事情，必能顽强地生存下去，实在值得钦佩，堪称是人间的荣耀，在我们周围肯定不乏这样的人，然而我觉得，选择死亡也并不意味着有罪。

"我觉得，我这棵草，在这个世界的空气和阳光中实在难以生存，要想活下去，总好像缺少点什么东西，不足以存活。我能够活到今天，已经耗费尽了全部的能量。"

她又打开网页，搜索关于自杀的相关信息，细细地浏览。

这个周六的晚上放假，她没有去上提高班，而是来到操场，一个人坐在观众席石阶上的一个角落里，开始打电话。下面是热闹的人群，他们正在踢足球、跑步。

据调查，在搜索自杀时，人们通常还会搜索其他相关关键词：抑郁症、自残、可以平静死去的方法、无痛苦结束自己的生命、安乐死、安眠药，等等。

从年龄分布上看，19岁及以下和20~29岁这两个群体的搜索总量较高。考虑到全网分布的搜索数据，19岁以下群体的相对搜索比例要比其他群体高出一大截。也就是说，我们可以简单地理解为19岁及以下人群搜索"自杀"的概率最高，而这个年龄，正是青春期，正是初高中生。

青春期真的是一个非常特殊的时期。在这个阶段，大脑边缘系统在快速发育成熟，血清素系统处于高敏感期。此外，高活跃的糖皮质激素内分泌系统也会加大情绪波动，导致兴奋、失眠、暴躁易怒等。所以，人在青春期时，对生理、激素、社交、认知、情绪上的变化都会特别敏感，也更容易遭受自杀念头的困扰。

梅知雪在这个晚上没有回寝，而是来到一间教室，吃掉了80多片安眠药，然后躺在冰凉的地上，等待着睡眠的来临，之后永不醒来。地面很凉，和她在父母离异后的生活是同样的感觉，最近发生了许多事，让她看不到未来，她觉得死掉是最好的解决方式。

但她不知道的是，外面的人正在以近乎疯狂的速度寻找着她。寝室宿管阿姨查寝时发现她没在，问了几个同学都说不知道，马上通知班主任，班主任立刻通知年级主任，然后通知家长。几个人找了一些地方没有找到后，意识到问题的严重性，立刻发动梅知雪所在班级的全体同学，去所有的地方找。校长接到消息后也往学校赶。

调取监控后，发现并没有出校记录，于是大家一个一个教学楼、一间一间教室地搜索，最后终于成功发现了已经开始陷入昏迷的梅知雪。

梅知雪被120急救车送到医院洗胃，最终被救了回来。

父母离异后，梅知雪和外婆一起住，而母亲不久就组建了新家庭，对她的关注就比较少了。父亲则很功利，在高二分班时强迫她去学艺体，然后考播音主持专业，但她想学文科。父亲打击她，说她没那个能力，必须按自己的安排走，否则就不给学费。梅知雪觉得自己已经没有未来了，活着很累，加上一些其他原因，最后选择了自杀。

这是一种动机性自杀，想通过死来获得解脱。

在梅知雪的认知中，自杀是解决创伤或挫败的最终方法。

以前信息不通畅的时候，没有智能手机，没有随意方便的网络，青少年很少接触到自杀的信息，或者根本就看不到这两个字，脑海中自然也没这个概念，所以遇到任何创伤，一般都不会出现自杀的念头。但在如今电子媒体建构的信息海洋中，孩子小时候就从动漫等媒介接触到各种自我伤害的影像，到了初、高中更是大量暴露在影视小说的信息之中，而这些信息都用一个又一个的故事传递着相同的概念：自杀是解决问题的最后方法。

青少年自杀的原因

1. 心理障碍

许多调查研究都表明，如果一个人有潜在的精神、心理方面的问题，那么他的自杀概率要比正常人高许多。这些问题包括：抑郁症、焦虑性障碍、饮食失调、双相情感障碍、创伤后应激障碍等，其中尤以抑郁最为常见。

2. 来自生活/社会的压力

父母关系不和，父母离异，父母教育方式不良，不懂得、不理解青少年在青春期的成长烦恼，对他们采取消极、拒绝的态度，不能给青少年以情感和精神上的支持，或者家庭暴力导致严重的亲子冲突等。这些家庭压力使青少年失去继续承担压力的勇气和信心，看不到生活和未来的希望。

亲密关系的变化也会导致青少年想到自杀。"分手、失去重要的友谊——这一切对青少年或孩子来说都像是死亡"，孤立和无助都会加强他们的自杀倾向。

专业的选择不是自己喜欢和能力范围内的，有些是父母的要求和安排，有些是因为社会的期待和发展，但自己无法完成或者毫无兴趣，而专业和就业，和自己的未来相关，于是导致绝望的形成。

被欺凌也可能是产生自杀想法和行为的原因，被长期欺凌的年轻人自杀行为的风险最高。

其他有压力的生活事件和社会压力也可能会导致自杀的想法，比如：性别认同冲突，失去家庭成员或所爱的人，学业上取得成功的压力，情感、身体上的虐待等。

3. 性格因素

一些特定的人格特征可能会增加一个人产生自杀想法和行为的风险。这些性格特点包括：完美主义、低自尊、自我否定、冲动等。

对于近年来社会上出现的青少年自杀问题，不少人都会直接归因为学习压力或亲子关系，也就是家庭、学校两个方面。但这是不对的，青少年的自杀是一个复杂的"生物—心理—社会"问题，上面列举的原因也仅仅是概述而已。事实上，在全球范围内，青少年自杀都是一个公共卫生难题，跟其所处的经济、社交、文化环境有关，也跟青少年自身的内环境、遗传因素有关，不能简单归结为家庭或学校原因。

寄语家长

如果孩子正在考虑自杀，父母应该怎么办？

1. 公开谈论与耐心倾听是一个关键

自杀是可以预防的，自杀的念头是可以被改变的。如果家长发现孩子身上出现了一些危险的征兆，要及时与孩子沟通，不要怕触及自杀的话题，开放交流非常重要。如果不确定孩子是否有自杀倾向，最好的办法就是问一问。不要认为询问一个人有没有自杀念头会引起自杀出现，恰恰相反，如果对方真的想结束自己的生命时，旁人的询问有可能起到防范的作用。

要以一种平静的、有同情心的方式去接近孩子，去谈论这个话题，父母谈论自杀的话题时表现得越客观、自在，孩子就会觉得越安全。（必要时，父母应该自己先寻求帮助，学习如何处理这个话题，这有助于防止说一些可能会把孩子推得更远的话）

如何开始关于自杀的对话？

"我发现你似乎一直在忙些什么事情（具体指出可能是征兆的那些行为），你还好吗？"

"我突然很想听你说说话，你想说的时候，我就在你身边，随时都可以。"

然后，非常重要的是，当你的孩子说话时，请给予最用心的倾听。

因为，让一个有自杀倾向的人有机会表达自己的感觉，可以让他从孤立和压抑的负面感觉中解脱出来，降低企图自杀的风险。

①在孩子没有开口时，安静陪伴，等待他开口说话。

②无论他说什么，一定先听完，切忌时不时追问："你为什么想要自杀？"

③对孩子所说的内容表示完全的接纳，让孩子的情绪有一个宣泄的出口，此时切忌没有耐心，或者嘲讽孩子的情绪。

④倾听时无须提供什么解决方案，只是静静地听着。这可以让孩子感到他的声音和他的心事正在被看到、被听到、被尊重。孩子此时最需要的可能就是简单的陪伴，你的一句"我一直都在"会是孩子灰暗世界的曙光。

⑤共情，从孩子的角度去体会他说的内容，而不是站在自己的角度或年龄去看待他的问题。

倾听结束后，可以问一下孩子心情如何，如果他说好一点了，就可以尝试提几个问题继续交流：

a. 你现在还有自杀的念头吗？

b. 你已经制订好了自杀的计划吗？

c. 你从前曾有过自杀的念头吗？（问这个问题是因为，试图自杀过的人一年内通常会出现第二次或更多次自杀行为）

以上处理方式的核心是，让孩子感受到有人爱他、关心他。

2. 未雨绸缪，提早教育孩子如何应对自杀的念头：要自救，也要求救

自杀的念头几乎每个人都有过，只不过正常健康的人可以控制自己的行为，有这个念头，也只是一闪而过而已，绝不会付诸行动。所以，即使孩子没有出现危险征兆，也应该未雨绸缪，事先教育好孩子，一旦因为某种刺激出现了自杀的念头，应该怎么做。

自救，也要求救。

告诉孩子，如果因为某种原因而产生了消极情绪，甚至变得不堪重负，感觉除了伤害自己之外已经看不到其他解决方案了，那么要立即向外寻求帮助。你要让孩子知道，心理专家受过训练，可以帮助人们控制他们的情绪，帮助他们学会如何应对困境。

当然，当人处于强烈的情绪中时，向外寻求帮助可能会变得很困难，**但是与信任的人（如朋友、家人或老师）取得联系至关重要**。因为一旦情绪得到倾诉宣泄，想法很可能就会一下子得到缓解甚至改变。如果找不到可以谈话的人，或者认为向陌生人倾诉可能会更容易，那就去打心理危机干预中心的热线电话（网上可以查到）。你可以在热线中与对方交谈，也许对方能理解你正在经历的事情，并可以帮助你处理自己情绪。

很多人出现自杀的想法，是因为遇到一时看起来难以解决的问题，但要知道，许多自杀幸存者都表示，只是当时看不到其他出路，现实并不是那样。绝大部分幸存者都会因自杀失败而庆幸，自杀是一个错误的选择。实际上，他们并不想死。

无论遇到什么情况，面对死亡、从死亡的边缘后退都需要真正的勇气，你可以用这种勇气帮助你继续前进。

如果孩子觉得自己的情绪无法控制，要让他告诉自己，等 24 小时后再采取行动。这可以让孩子远离困扰自己的强烈情绪，有时间真正地反思。在这 24 小时内，尝试与他人聊天，只要他们不是另一个自杀或抑郁的人就行。

不要独处，即使无法表达自己的感受，也可以待在公共场所，在商场闲逛或者去影院看电影，以免自己处于危险之中。

此外，选择健康的生活方式可以为心情创造奇迹。事实证明，正确饮食、定期运动和充足的睡眠，对改善负面情绪有很大的影响。

3. 学会接纳自己的孩子，理解孩子的选择

导致孩子极端行为的压力有很大一部分来自父母对孩子人生规划的强行安排。如果孩子的理想和你的期望大相径庭时，该怎么办？

我在知乎上看到一个女孩子这样描述自己的理想生活：

你所谓的平凡，恰是我所憧憬的；你口中的上进，却是我所不愿的。

我不漂亮，也没有什么特别的天赋，还轻度社恐。

我只想顺利读完大学，找到一份可以养活自己的工作，租一间干净的房子，也可能会养一只猫。

每天下班了就回去，不累时就自己做做饭，累的话就到外面去吃。一个人待在房间里看书、玩喜欢的游戏、和其他人打打电话，累了就去睡。周末可能会出去逛逛，也可能就在家里睡觉、发呆。

如果能遇到和我一样不上进，还愿意包容我的人，我也不抵触结婚，那就在一起吧，两个人一起宅到天荒地老也不错。如果遇不到这样的人，那就一个人生活，也很好。

我不知道这样算不算混吃等死，但我真的想过这样的生活。

她字里行间流露出的情感是真诚的，不是气话，也没有在讽刺什么，这就是她真实的愿望。她不想那么拼，也不想去考什么双一流，如果你是她的父母，你肯定会很痛苦，我的孩子怎么会这样？于是你去各种强迫她，让她不得不按照你所说的去做，但在心理上，她会认为父母并不爱自己，只是爱一个自己理想中的女儿。而自己，也没有什么值得期待的未来了，这种负面情绪慢慢积累起来，就形成了心理创伤，不断地叠加和重复后，到了某个临界点，也许就又是一个悲剧。

我们应该尊重、接纳孩子的选择，如果这个选择是孩子认真做出的话。

首先，如果不希望孩子这样无欲无求，父母要先做好表率。性格的形成绝不是在朝夕之间，一定既有先天因素的影响，也有后天家庭环境、学校环境、社会文化环境的影响。父母在孩子小的时候就该用言传身教来影响孩子的价值观。希望孩子积极上进，那家长在生活中同样也要积极、不颓废。自己一边瘫在床上刷着手机，一边命令孩子去好好完成作业，那是很没有说服力的。所以，期待孩子积极上进，首先要营造一个积极上进的家庭环境，以身作则。

那如果即使如此，孩子也依旧想过那种自由散漫的生活呢，就像上文中的那个女孩，她就想过那样的生活，家长应该怎么办？

我读过许多书，看过许多书中大而无当、放之四海而皆准的建议；我观察过许多正值青春期的学生，思考了很多；我也是一名父亲，有两个可爱的女儿，大女儿也即将步入青春期。如果孩子的理想完全不合我们的预期，我们该怎么办？

我把《明朝那些事儿》的结尾，作者当年明月的话告诉给大家：

从俗世的角度，徐宏祖是个怪人，这人不考功名，不求做官，不成家立业，按很多人的说法，是毁了。我知道，很多人还会说，这种生活荒谬，是不符合常规的，是不正常的，是缺根弦的，是精神有问题的。

此前，我讲过很多东西，很多兴衰起落，很多王侯将相，很多无奈更替，很多风云变幻，但这件东西，我个人认为，是最重要的。

…………

但这件东西，我想了很久，也无法用准确的语言，或是词句来表达，用最欠揍的话说，是只可意会，不可言传。然而我终究是不欠揍的，在遍阅群书，却无从开口之后，我终于从一本不起眼，且无甚价值的读物上，找到了这句适合的话。

这是一本台历，一本放在我面前，不知过了多久，却从未翻过，早已过期的台历。

我知道，是上天把这本台历放在了我的桌前，它看着几年来我每天的努力，始终的坚持，它静静地、耐心地等待着终结。

它等待着，在即将结束的那一天，我将翻开这本陪伴我始终，却始终未曾翻开的台历，在上面，有着最后的答案。

我翻开了它，在这本台历上，写着一句连名人是谁都没说明白的名人名言。

是的，这就是我想说的，这就是我想通过徐霞客所表达的，足以藐视所有王侯将相，最完美的结束语：

成功只有一个——按照自己的方式，去度过人生。

是的，接纳孩子的理想，让孩子以自己喜欢的方式，度过自己的人生。

第五章
陪孩子思考生活
——困惑与挑战

一、如何应对孩子的偶像崇拜

校园的张贴栏中，常常会被贴满便利贴，上面的内容如下：

"如果你想亲吻星星，我拨开云层做你的楼梯。"集美们，十八楼祖师爷 TFBOYS 了解一下啊，长得帅，学习棒，人品好，超级绅士温柔。能唱能跳，会说会演，爱祖国爱家人爱粉丝。

阿万艾斯亿，预备顶流役。

破晓而生，踏浪前行，RISE 少年，顶峰相迎。

十一少年梦想等待，请相信十二一直在。

我们因为害怕才更明白，什么是勇敢怎么守护爱。

S.K.Y. 天空少年，粉丝名：wings，求扩列。

世间荒凉，星河滚烫，你们却是人间希望！唯愿世人对你们皆温柔，十一少年未来可期！

不是每个男团都叫 RISE，不是每个男团的粉丝都叫十二。

星星泡饭，沙漠找海，无人舞台有角儿的范儿。一起疯下去、磕下去、走下去，要不要做我的同伴？扩列。

这辈子搞壶，下辈子幸福，我就是最幸福的壶妹！

扩列扩列，一代只爱源（团粉做不到，端水就别来）。二代偏 147（团粉），不磕三大不女化，你女化我跟你急。三代只搞朱志鑫、邓佳鑫，其余你自便。

宋亚轩会一直是宋亚轩。

贺峻霖是全世界最棒的小朋友。

Look 这是 TNT，浩翔正在 RAP！向全世界安利时代少年团！

…………

对于青春期的孩子而言，喜欢明星，崇拜偶像，大约已成为生活的一部分，十分常见，甚至不可或缺。

据调查显示，几乎所有发达国家和经济发展较好的发展中国家的青少年的偶像，职业、身份都非常一致，即多为影视、体育方面的明星。

这和青少年的心理、生理成熟阶段是相匹配的。青少年在这个时期生理上趋于成熟，而心理上却还处于过渡阶段，感性认知多于理性思维。因此，生动具体的美好事物很容易吸引他们的眼光，"颜值"成为关键，绝大多数青少年的偶像都是青春靓丽、阳光帅气的男女影视明星。

他们喜欢偶像到什么程度呢？

可以不上课，今天去成都，一周后又在西安，去应援自己的偶像，去机场接机。

一个女生喜欢韩庚，只要有可能，韩庚的每一场演唱会她都会去看，要做到"庚心不变"。

一个女生的手账本，精致异常，用各种色彩的笔，抄写歌词，记录心情，记录关于自己偶像的一切。

一个高一的女孩子喜欢白敬亭，一年买了他近三万元的周边产品，海报贴满了自己的房间，没有一处空隙。

一个男生因为喜欢张继科而去打乒乓球，爱上乒乓球的原因就是因为张继科。他的妈妈觉得天天打球会影响学习，但原来的他很内向，打球后认识的朋友越来越多，人也越来越阳光。

这还只是我所了解的学校中学生的真实情况，如果去搜索一下新闻，更是难以想象：鹿晗获得吉尼斯世界纪录的 1314 万封 "微博情书"；唱片市场下行情况下，AKB48 专辑接连破百万销量；TFBOYS 三小只生日收到的粉丝送的 4 万平方米月球地表……

偶像崇拜既是一种社会心理现象，也是一种文化现象，在青少年时期尤为明显。对于非粉丝来说，这是一件难以理解的事，怎么会有人对一个并不认识自己的人不计回报、无条件地付出那么多？为什么他们会如此喜爱一个人？当他们崇拜明星偶像时，他们究竟是在崇拜什么？

心理学对此做了大量研究，给出了追星背后的心理动机。

1. 喜爱、崇拜偶像是一种心理投射、替代性满足

心理学家弗洛姆认为，对偶像的崇拜是人们把自己理想化的幻想在现实社会

的一种投射，这种投射心理在青少年时期会被放大。

每个人终其一生都有很多无法被满足的遗憾：被压抑的情感、没有能力实现的梦想、想要躲避的某种生活状态……总之，现实生活和理想生活之间总会存在着或大或小的缺口。而被包装后呈现在我们面前的明星或偶像，将会在特定情况下弥补上这个缺口。

青少年对当下生活不满，对新生活向往，他们渴望改变，又因为自我当下的弱小而无法完成。于是他们将这种无助感暂存在内心，将自我的某种梦想、欲望、缺憾投射在他们认为已经拥有自己想要的一切的偶像身上。通过某种情感、行为的投入，既能获得一种投射在偶像身上的替代性满足，也能通过偶像的成功实现另一种形式的自我实现。

从心理学角度看，这是人们对自己内心世界的重建，对个体的成长具有积极作用。

2. 在一段拟社会关系中更接近理想的自我

心理学中有一个专有名词用来描述人们爱上明星的这种关系：拟社会关系。

如果你非常了解一个人，甚至迷恋或者爱上了他，但他却对你一无所知，这就是一种"拟社会关系"。这种关系是一段单向关系，粉丝对明星的喜爱是典型代表。

尽管拟社会关系在 1956 年才在心理学中出现，但实际上，我们爱慕偶像的行为远比这个概念早得多。我国古代西晋时期，就出现了"掷果盈车"这个词语。当时的美男子潘岳乘车出门时，常常会被年轻女子围堵观看，她们手拉手将潘岳围在路中间，只为能好好看清楚潘岳的颜值。热情的女子还搬来一篮篮水果，往潘岳乘坐的车子上扔，直到把整辆车都给装满。

在拟社会关系中，我们想成为什么样的人，我们就会喜欢什么样的人——不管他是现实中的人，还是电视中的角色或明星。

我们会爱上的偶像，往往拥有我们最渴望拥有的特质，或是颜值特别高，或是特别有智慧、有才华、有魄力……我们受到这种特质吸引而成为粉丝，但可能并没有认识到，我们在为明星疯狂时，其实可能是在追寻理想中的自我。

而且，我们还没有被拒绝的风险。

在现实生活中，要跟自己喜欢的人建立起关系并非那么容易，我们必须要冒着被拒绝的风险。我喜欢的人不喜欢我，这虽然很难过，但现实常常就是如此。

喜欢偶像就不一样，拟社会关系本来就是单向的，我们自己可以决定这段关系什么时候开始，什么时候结束，投入有多少。只要我们愿意，就能随时跟偶像建立关系，没有其他人能拒绝我们。

偶像拥有我们向往的、喜欢的特质，和他们建立关系还不用承担被拒绝的风险，青少年如何能拒绝这种诱惑？

3. 这是一种次级情感依赖

从个体发展来看，青少年的偶像崇拜心理被称为"次级情感依赖"，是一种正常的、普遍的心理现象。

青少年在步入成年的前期，情感上会逐步摆脱对父母的依恋，但又需要一个新的依恋对象，于是会不自觉地寻觅现实社会关系比较遥远而在心理上又比较亲密的对象（这是比较安全的一种方式），平时喜爱的明星、偶像刚好符合这一要求。

这种依恋可以分为浪漫式依恋（把偶像幻想成自己的恋人）和认同式依恋（希望成为偶像那样的人）。所以有一些明星即使有了恋爱对象也不敢公布，要千方百计掩饰，就是怕破坏掉粉丝的前一种依恋心理。

偶像崇拜在中学、大学时期非常普遍，但随着他们心理的成熟，大部分人的这一现象在步入社会后就消退了。

4. 媒体塑造的原因

青少年崇拜的偶像以影视、体育明星为主，这与现代商业媒体的塑造是分不开的。

网络时代，互联网技术与娱乐工业深度融合，商业媒体塑造偶像的能力极强。在电视、电影等各路主流媒体中，明星的形象既是影视中风流潇洒、位高多金的才子英雄，又是日常中光彩夺目、高质量生活的代名词。而与之形成鲜明对比的是那些著名的科学家、教授学者、医生、作家、工程师等本应该成为榜样的行业顶尖人物，他们却很少被报道，他们的研究、成绩很少为人所知，他们的形象也大多是年长、体弱，生活枯燥、乏味。他们与严谨、艰苦等形容词紧密相连，在青少年心目中形成了刻板的印象。

产生这种现象的原因是公益性传播不足，新闻以及影视作品等大众传播媒介没有真正地展现这些人物的魅力和成就。

了解了这背后的心理，家长们似乎感觉不必为此担心了，既然偶像崇拜是青春期一种正常的、普遍的心理现象，那是不是顺其自然就好？恐怕不行。

两个关系一直不错的女生，偶然间因为对方说了一句自己爱豆的黑料，立刻翻脸绝交。

班中一个男生说了一句一个女生的偶像的坏话，该女生立刻甩了他一巴掌。

与同学聊天，每句必带着自己的爱豆："你长得真丑，比我爱豆差远了""你喜欢那个某某某比不上我家哥哥""你别唱我家哥哥的歌行不行？毁歌！"

…………

如果出现这些过激的行为，就不能放任不管。

📖 寄语家长

1. 肯定偶像崇拜所具有的正向激励作用，先赢得孩子的认同

偶像崇拜是有正面意义的。对偶像的崇拜会让我们感受到自身的潜力，产生"自我期待"，而"自我期待"是成长中的良好动力。借助自我期待激励自己，往往可以取得意想不到的成就。

2008年，泳坛神话菲尔普斯为备战北京奥运会在新加坡集训，期间一个名叫斯库林的小男孩专程到训练馆去看他，菲尔普斯是他的偶像，他也如愿在训练馆和偶像合照。

"你好，迈克尔（菲尔普斯），能合个影吗？我叫约瑟·斯库林，非常喜欢你。"

很多人不会记住这个小男孩，当时的菲尔普斯也一定不会想到，2016 年的里约奥运会中，斯库林不再只是菲尔普斯的粉丝，更是他的对手。斯库林最终在 100 米蝶泳对决中击败了他的偶像，也为自己的国家摘得该项目的历史首金。

"我想像他一样，我也想要这样的胜利。"

斯库林在"追星"的过程中，将对偶像的崇拜化作了自我塑造的动力（当然天赋和努力也必不可少），最后成就新的传奇，这可能就是偶像带给我们的最好回馈。

所以家长完全可以先肯定孩子的追星行为，告诉孩子自己懂得偶像崇拜的正面力量，让孩子觉得我们是懂他的，不会产生反感情绪，为下一步的交流引导做好铺垫。

2. 引导孩子的关注点从外在转向内在

崇拜偶像是否可以让人变成更好的自己，这需要个体进行客观、深入的选择，这就需要家长引导孩子，把对偶像的关注从外在转向内在。

偶像崇拜总是始于对偶像的颜值、气质等外在特征的欣赏，我们喜欢他帅气的外表、完美的身材、饰演的某个角色、演唱的某首歌曲等，但这只是一种表层性的欣赏，对自己的成长并无帮助。我们会随着时间的推移，或者这种吸引力的减退，而逐渐成为路人。

家长应该教育孩子去了解偶像身上的精神品质、内在人格，比如对理想的顽强追求、坚持不懈的努力、张扬无畏的人生态度、面对挫折时的强大对抗精神、积极对待世界的方式……孩子会对这些良好精神品质产生认同，从而吸收偶像身上的这种精神力量，来化为自己成长前行的动力。

那如果孩子喜欢的偶像身上没有这些优秀品质呢？家长还要继续引导。

3. 和孩子一起探讨偶像的定义，改变孩子的崇拜对象

偶像的定义怎么会仅仅局限于演员、明星呢？

2021 年夏天，娱乐圈和体育界在舆论上呈现出两种截然不同的景象：一边是一个接一个的流量明星因为价值观不正而一落千丈；另一边是一位又一位的优秀运动员在奥运赛场上佳绩频传，成为国人交口称赞的榜样。

这是一个很好的转变。

判断一个人是否够资格成为偶像，其标准怎么能仅仅是颜值、金钱这些东西呢？这不是很荒谬吗？

我们从古以来，就有埋头苦干的人，有拼命硬干的人，有为民请命的人，有舍身求法的人……虽是等于为帝王将相作家谱的所谓"正史"，也往往掩不住他们的光耀，这就是中国的脊梁。

——鲁迅

鲁迅先生说得多么好。偶像应该是做出了杰出贡献的人，应该是有着优秀品质的人，应该是能带给人启发与力量的人。我们的朋友、父母、师长，或是仅仅有过一面之缘的陌生人，都可以被定义为偶像，只要他们符合这些标准。

要注意的是，父母应该是以探讨的方式来动摇孩子的错误理念，而不是强加、逼迫。

4. 告诉孩子盲目追星所引发的危害

盲目的、过度的追星不仅会耗费大量时间，严重影响生活和学业，还会造成严重的心理问题和价值观错误。

如果只是看见了一些公众人物在荧幕前的光鲜亮丽，却丝毫没有考虑到努力和成就之间的联系，认为成功是轻而易举的事，就会造成自我心理素质的弱化。

许多青少年将偶像看成是自我生活的唯一目标，但明星那优美的歌声、华丽的舞蹈，抑或是精致的容颜、奢华的生活，对于青少年来说都是完全无法企及的。于是往往导致他们脱离当下的生活，每天精神恍惚，无法进行正常的学习和生活。

最后，附上一个小测验。

我们每个人多多少少都会喜欢一些演员明星或者虚拟角色，那喜欢到了什么程度，才算是建立起了"拟社会关系"呢？才需要注意、节制呢？

荷兰的心理学教授和同事在一项关于拟社会关系的研究中，列出了如下几项表现，如果你出现了 6 条及以上的行为，就要注意，自己有可能已经陷入跟偶像的拟社会关系中了。

我总在搜索他 / 她的各种最新消息，想要知道他 / 她的一举一动。

我经常会想，他 / 她做出一些行为是为了什么。

我总在想，在现实中我有没有认识什么很像他 / 她的人呢？

我知道他 / 她身上有什么特别让人喜欢的地方和特别让人讨厌的地方。

我总在问自己，他 / 她之后还可能做什么事情？

偶尔，我会想想自己有没有像他 / 她的地方？

有时候，因为他 / 她做了一些事，我真的感觉特别爱他 / 她。

如果他 / 她不开心，我也会跟着不开心；如果他 / 她开心，我也会跟着开心。

如果他 / 她从我的世界消失，我会抓狂。

我的情绪和行为，会受到他 / 她的影响。

偶尔，我会不自觉地对着他 / 她说话。

有时候，我会想要在公开场合为他 / 她说话。

二、如何帮助孩子摆脱网络游戏成瘾

青春期的高中生对游戏能够热爱到什么程度？来进行心理咨询的高一学生沈桐刷新了我所知道的上限。

初三毕业，中考考得不错，父母奖励了他一台配置很好的台式电脑，从此就开启了他的游戏之路。原本父母既是出于奖励，也是因为看到沈桐常常跑到网咖去上网，觉得那里不安全，才买了电脑给他，觉得这样至少可以监管。

结果，沈桐说自己之前还利用电脑来查查资料什么的，后来下载了几款单机游戏和网络游戏之后，就离不开电脑了。只要是放假，无论是周末还是节假日，寒暑假就更不用说了，飞快地写完作业，至于对错根本无心去检查，随后就坐在电脑前，打开游戏，戴上耳机，两耳不闻身外事，一玩就是一整天，一坐就是一个假期。

先是玩单机，后来是网络游戏，因为一个人玩游戏和一群人玩游戏是完全不同的游戏体验。即便是同一款游戏，多人连线也会玩出不同的感觉。

一个人玩的时候，虽然也沉浸其中，但还算是个安静的少年。

一群人玩的时候，沈桐说自己就好像变了一个人，仿佛化身梁山好汉，天不怕、地不怕，给根棍子就能去屠龙。玩游戏时脸红耳赤，呼吸粗重，说话时气沉丹田，声震大地，全然不在乎自己在哪里，身边还有没有其他人。吐字的一瞬间总会身体前倾，好像要把吐槽的每个字像板砖一样拍在那猪队友的身上。从不说脏话的自己在多人联机时，总会不受控制地使用各种特色词汇来表达自己激动的情绪。

"上上上，打团了，打团了！辅助跟上啊！&%￥%……￥￥，你怎么不跟？真坑人！"

"不用跟……你跟个锤子！开团是要吃伤害的，稍微溢出一点你就没了！"

"老三注意一下打野位置就行了……我开团会死，我上去就是送死骗技能的，你深情啥呢？跟在我后面收割就行了，别乱跟。"

等从游戏中出来后，沈桐往往会很疑惑，自己竟然是这个样子的吗？他现在担心自己已经游戏成瘾了，没法控制。他自己也不想这样，但就是控制不住。他不知道自己是不是已经上瘾了，为什么会无法控制。

关于游戏上瘾，是有标准，有依据的。世界卫生组织在 2018 年 9 月将游戏障碍（Gaming Disorder）加入世界疾病种类当中，游戏障碍在《国际疾病分类》第十一次修订本中被正式定义。

游戏障碍是一种游戏行为（"数码游戏"或"视频游戏"）模式，特点是对该游戏失去控制力，日益沉溺于游戏，以致其他兴趣和日常活动都须让位于游戏，即使出现负面后果，游戏仍然继续下去或不断升级。就游戏障碍的诊断而言，行为模式必须足够严重，导致在个人、家庭、社交、教育、职场或其他重要领域造成重大的损害，并通常明显持续了至少 12 个月。

详细解释，就是具有三个特点：

①对游戏的控制能力受损（比如开始、频率、紧张度、时长、结束、内容）；

②不断地提升游戏在生活中的权重，超过其他的兴趣和其他的日常活动；

③尽管游戏对自己的生活造成了负面的影响，但还是持续不断地玩游戏甚或其程度还会上升。这些行为足够造成以下方面的损害：个人、家庭、社会、教育、职业或其他重要的职能领域。

我问沈桐，沉迷游戏给他和父母之间的关系造成损害了吗？有没有影响正常的学习？

"怎么可能没有？"他神情低落下去。

疫情原因不能回学校，在家上网课，给自己游戏提供了绝好的机会。起初还会登录一下学习页面，签个到，下载一下作业什么的。后来就完全不想麻烦了，连网页都懒得开。最离谱的一次，父母都上班去了不在家，他从早上睁眼，到晚上闭眼，中途没喝一口水，没吃一口饭，一直在玩。网课全是零分。

每次往电脑前一坐，戴上耳机的那一刻，都会失去对时间和周围的感知，无论父母说什么，都会凭本能顶撞回去。

父母拿他也没有办法，打也打了，骂也骂了，该生的气也都生完了，但沈桐还是一如既往。

"那时和我关系最好的几个朋友，都是一起玩游戏的伙伴。我们总在一起吃喝玩乐，肯定会影响学习成绩。其实父母担心也是对的，但我那时就是绝不允许父母说朋友的半点不好。在朋友和父母之间，我选择了朋友，于是和父母之间的关系在那段时间里变得最坏。"

"在父母眼里，我沉迷游戏不可救药；但在我眼中，我只是在做我喜欢做的事，学习压力这么大，我需要放松。更何况，在游戏中有我要好的朋友，有我辛辛苦苦练到满级的账号，这些就是我的全部。"

我想起《小王子》中的一句话，每个人都有自己的星球。沈桐与他父母的，完全不同。

"那现在后悔吗？"

"肯定有些后悔，不然就不来找老师了。"

一个人玩游戏为什么会上瘾？因为游戏能很好地满足人的心理需要。

一款游戏要想获得利润，必须得到玩家的认可。而符合玩家的心理才能得到玩家的认可。所以，游戏的设计，处处针对人的心理需求而发，让你想不上瘾都难。

1. 奖励

不玩游戏的人看起来很不理解，怎么会有人为了凑齐一套装备而反反复复地刷副本？不眠不休地在同一个地方杀怪不无聊吗？这有什么乐趣可言？

因为游戏中设计了一条规则：付出就一定有回报，而且这种回报是即时的。

奖励是驱使玩家进行游戏的主要动力，杀一只怪，就会掉落一件装备，打赢一场战斗，经验值就会立即上升。这个规则看似简单，但在现实生活中却并不容易实现。认真复习了，就一定会考好吗？仔细听课了，就一定能听懂吗？辛辛苦苦坚持刷了一个月的题，月考成绩却不升反降，这也是常有的事。这些都属于负反馈，会挫伤学习的积极性。但游戏中的即时回报却是一种正反馈，这种正反馈一旦运行起来，只有人的生理极限才能让他停下来。

游戏中的奖励类型很多，包括人物相关的属性、技能、经验、金钱、装备、宠物、权利、许可、排名、称谓、得分等很多东西。玩家的游戏过程，是一个不断获取奖励的过程。对玩家来说，目标实现后赢得奖励的那一刻，会带来非常直接的满足感。这种满足感就是继续游戏的动力。

2. 参与

玩家参与游戏，是指玩家可以按照自己的意志去进行游戏，来实现自己在游戏中的目标。在游戏中，玩家做出的每一步选择，都是在参与游戏。

假如有这样两种设定：一是玩家完成任务后，奖励一柄汉剑；二是完成任务后，奖励一柄汉剑或一柄唐刀，玩家只能在其中选择一样。哪一种更吸引玩家？很明显，是第二种。因为它让玩家参与了游戏，选择的过程就是在参与游戏。

参与的更进一步就是体验。游戏世界是一个虚拟的世界，它一定程度上实现了玩家内心的幻想。游戏世界中的世界观、剧情、人设等，玩家在玩游戏的同时，也在体验着这个幻想世界中的一切。我们都喜欢看电影，但我们无法成为演员，可游戏提供了一种更好的体验方式给我们，游戏就是一场电影，而玩家就是主角，你不是在一旁观看，是在其中演绎，这谁能拒绝？

3. 交流

网络游戏的设计从不忽视玩家之间的交流，玩家之间的交流目的往往有这样几种：交换信息，以便得到更大的利益；展现自己，满足自己的虚荣心；纯聊天式的交流，结交朋友。

游戏中的交流方便而富有乐趣：表情符号、表情动作、表情语言、字体颜色、聊天频道、聊天记录等设定的应用，使交流变得直观且容易。

在现实中无法获得的优越感，在游戏中可以获得。在现实中不善于交际、难以结交朋友的人，在游戏中可以轻松地建立其自己的关系网，可以加入公会，可以建立联盟，可以更自由地发言聊天而无须考虑对方的身份、感受。这一切，都使青春期对人际交往有些抵触的孩子仿佛找到了避难所。

网络游戏中玩家之间的竞争与合作也是交流的一种形式。除了奖励可以驱使玩家进行游戏外，玩家之间的竞争与合作也是玩家进行游戏的动力之一。像早期的 CS、魔兽，如今的王者，这种玩家之间一起合作进行防守或进攻的游戏，奖励被放在了次要地位，竞争与合作才是游戏最主要的乐趣所在。

我告诉沈桐，你现在正走在通往游戏障碍的路上，但程度还没那么深，并没有达到游戏障碍，还不算病。而且你能反思，说明还有一定的自制力，肯定可以摆脱。

我的第一个建议是让他回去玩一款单机游戏《秘密潜入》，唯一条件就是不准去上网找攻略。他有些疑惑，他是想摆脱游戏成瘾，而我却让他继续玩。他的疑惑在一周后就消失了，再次来心理室时，他说他因为这款游戏烦躁得想把电脑砸了。这很好，说明有效果。这款游戏难度极高，而且不能存档，模拟现实，所以人物只要中枪就会死，就要从头开始玩。而且整个游戏过程都不能被敌人发觉，这让玩家越玩越郁闷，完全没有大杀四方的爽快感。

心理学研究表明，只有当游戏的困难程度与玩家的能力相平衡时，才会不断地吸引玩家。一旦难度过高，玩家就会产生焦虑而退出游戏。

我的第二个建议是让他多参加一些校内的其他活动，在活动中去获得成就感，也转移一下自己的注意力。他会弹吉他，于是参加了音乐社，一起准备一二·九晚会，准备元旦晚会，忙得不亦乐乎。

后来，他终于成功地摆脱了游戏的控制，但那些玩游戏的日子，他说他还是会怀念。

📖 寄 语 家 长

1. 要控制孩子对游戏的沉浸度，首先必须控制游戏时间

对于游戏上瘾这个问题，一定是堵不如疏的。

绘画、雕刻、建筑、音乐、诗歌（文学）、舞蹈、电影、戏剧是目前所普遍承认的八大艺术，而电子游戏，被称为第九艺术，可见它的吸引力。讨厌它的人称其为"电子海洛因"，但这个称呼仍然不能否认它的吸引力。而且客观公正地说，一款好的游戏，其实可以带给玩家许多感悟和启发，甚至是对人性的思索。

所以，利用家长的权威不问青红皂白直接禁止孩子玩任何游戏，只能激起孩子的反感，孩子会私下里寻找各种机会去玩，这时的玩不仅仅是游戏本身的魅力，还带有一种报复式的快感，这种快感会让孩子更加沉迷于游戏中。

允许孩子玩，但告诉孩子，凡事过犹不及，必须约定游戏时间，必须做到游戏与学习、成绩相平衡，这是原则，也是底线。

假期里每天可以玩多长时间，和孩子一起商量好，一旦决定，就必须执行，不可反悔。玩的时候父母绝不干扰，但时间到了，无论游戏进行到了哪个关键时刻，都必须停止。可以在玩游戏的时候增加一些对时间的控制，例如设个闹钟或定时关机，这样在等待开机、关机的时间中便可以自然地脱离游戏的沉浸。

2. 让孩子去玩难度极高的游戏，让游戏中的成就感变成挫败感

根据心理学中的"沉浸理论"，参与者的能力与对应挑战级别相平衡（活动既不太简单，也不太难）的时候，参与者感到自己能控制当前的形势和整个活动时，

最容易沉浸其中，反之就容易脱出。

体现在游戏中就是，如果游戏的难度超过了玩家的能力水平，玩家就会感到焦虑；如果游戏明显过于简单，参与者就会感到无聊，两者都可能导致玩家放弃游戏。让玩家进入"沉浸状态"的关键点就是，保持玩家能力与游戏难度间的动态平衡。

所以，可以给孩子看一看大神们的游戏视频，当孩子看到大神们打出自己望尘莫及的操作，得到自己一辈子也得不到的分数时，很有可能会心灰意冷，放下对游戏的执念。也可以让孩子去玩一些难度极高的游戏，让孩子不断地在游戏中体验挫败感，进而焦虑、暴躁，反感游戏。

比如 FC 平台的《勇者斗恶龙 2》，自始至终的战斗高压（大量不受沉默限制的特技，无法有效防御的即死系魔法，出招、行动顺序以及伤害偏差的高随机性，大量敌人会对自己使用全恢复，敌方整体的高数值，同一地图上强敌与弱敌的出现率相似等），自始至终都在全灭的威胁下勉强前进，高难度的谜题，严重缺乏的提示，这些最终会让普通玩家骂着放弃游戏。

3. 教会孩子以"游戏"的思维来看待学习，在学习中找到成就感

学霸很少玩游戏，或者干脆就鄙视游戏，因为他可以在学习中体会到巨大的成就感，无须到游戏中去找。一旦孩子在学习上体会到了成就与满足，自然就不会太关注游戏了。

将学习目标分解为一个一个的阶段性小目标，越具体越好，这些就是孩子要攻略的任务：一种类型题，一篇古文，一个知识点……

可以上网查相关资料，这就是你的攻略；可以去问老师，老师会给你启发，他们就是游戏中的 NPC；围绕知识点，不断地提出问题，这就是给你设置的难度；每一个你感觉难以突破的地方，都是系统给你设置的怪……

当孩子解答一道关于牛顿运动定律的物理计算题时，觉得很没动力，这时给它配上一个游戏情境：地球即将被外来物种侵占，需要在一定时间内，结合地球与其他天体的位置和关系，包括天体质量、角度和距离，万有引力定律，和保证飞船在驶离地球的过程中不至于脱离轨道的逃逸速度，为人类进行星球转移争取最

大的可能性。计算成功就具有这样大的意义，一旦成功解开，成就感直接拉满。

一旦成功掌握了知识点，解决了类型题，准确熟练地翻译出了古文，就能获得奖励。如果在半期考、期末考中名次上升，那就有更丰富的奖励。

打通了电脑中的游戏，最多只能收获一个短暂的快乐；打通了高中三年学习这场游戏，收获的奖励将是一个璀璨的人生。

那么，孩子作为一个玩家，会如何选择呢？

三、当孩子遭遇了校园暴力怎么办

"哎哎，就是她！来了来了"。

周围学生的议论声一字不差地传进她的耳朵。

"她怎么干了那种事儿啊，太恶心了吧？"

她不由得加快了脚步，本就抬得不高的头变得更低了，走在人群中显得尤为突出。

她自残，割手，所以被同学议论，而她之所以自残，和欺凌有关。

几天前，她回寝室，本想提前掏出钥匙，但空空如也的口袋让她慌了神。本想等其他室友回来后一同进去，可走廊上的挂钟却提醒她时间不早了。她深吸了一口气，刚准备去敲门，手却悬在了半空。门刚巧突然打开了，里面的人被立于门前的她吓了一大跳，手上的水杯也因此掉落。室友本就讨厌她，因这一下变得更不爽了。原本不那么重要的杯子，却突然变得重要了起来。

室友的责骂向她砸去，她只得蹲在地上捡玻璃碎片，那些话越来越难听，越来越过分。来来往往的人都偷偷地掩着面笑，更有甚者，还时不时地添上几句。她想反驳，话到嘴边却不知从何说起。她不是没脾气，她只是不敢，怕因一时的冲动而换来更变本加厉的欺凌。眼泪悄悄滑落，落在地上，落在碎了的玻璃上。

早在 1978 年，瑞典的一位心理学家就首次提出了校园欺凌这个概念：欺凌是指力量相对较强的一方反复恶意伤害相对弱小一方的行为。这一定义即使在今天，也还在很大程度上被沿用。

在我国，根据 2017 年教育部等十一部门通过的《加强中小学生欺凌综合治理方案》，校园欺凌被这样定义：发生在校园（包括中小学校和中等职业学校）内外，学生之间，一方（个体或群体）单次或多次、蓄意或恶意通过肢体、语言及网络等手段实施欺负、侮辱，造成另一方（个体或群体）身体伤害、财产损失或精神损害等的事件。

定义非常明确地告诉我们，不是只有那些新闻中报道的、严重的殴打事件才叫校园欺凌。

表现形式

1. 身体欺凌：打人、踢人、推搡等，它不仅会给受欺负者带来严重的身体伤害，同时也会给他们带来心理创伤。一般而言，男孩子更可能发生身体欺凌。

2. 言语欺凌：骂人、嘲弄、起侮辱性绰号等，言语欺凌虽然很少会给受欺凌者带来身体上的伤害，但是心理上、精神上的伤害却是不容忽视的。言语欺凌是中小学中最常见的一种欺凌形式。

3. 关系欺凌：通过排斥和散播谣言等方式操纵、破坏他人人际关系的行为。关系欺凌需要较高的认知发展水平，因此多出现在中学生中。研究表明，相较于男生，女生更容易发生关系欺凌。这是一种不易察觉的欺凌形式，但却会给受欺凌的同学带来严重的心理伤害。

4. 网络欺凌：随着互联网的迅猛发展和对青少年网络监管的不易，一种新的欺凌形式——网络欺凌，也随之出现。它是指利用手机、电脑等媒介，通过网络对他人造成伤害的行为。

欺凌是一个群体过程。很少会只有一个欺凌者和一个被欺凌者的情况，大多数情况下，除了欺凌者和被欺凌者外，欺凌事件中还会有很多旁观者，他们充当着不同的角色。这些旁观者与欺凌者、被欺凌者之间的互动，直接影响着欺凌的发生和结束。

1. 协助欺凌者：帮助欺凌者一起欺负别人的人。这类人对于助长欺凌事件的发生起到了非常大的作用。因为有些人实施欺凌的动机是想在同伴群体中树立威信，如果能得到群体的关注甚至支持，那会大大增强他的自信心，从而进一步实施欺凌行为。

2.煽风点火者：他们在欺凌发生的时候，可能并没有直接参与其中，但是却会作出一些煽动性的语言、动作，为欺凌者叫好，鼓励欺凌行为。

3.置身事外者：他们从来不关心周围发生了什么，他们不想卷入任何的冲突，也懒得去帮助需要帮助的人，或者不敢去管。当他们看到欺凌行为时，会选择冷漠旁观，或者默默离去。"雪崩时，没有一片雪花是无辜的"，这些无动于衷的旁观者，也是欺凌的催化剂。

4.保护者：这是欺凌事件中最应该存在的角色，他们会去保护受欺凌者。比如直接上前制止，赶快报告给老师，安慰受欺凌者等。

很多孩子觉得，我没有欺负过别人，也没有被别人欺负过，校园欺凌与我无关。但调查显示，那些曾经经历过校园欺凌的人长大后表示，当时给自己留下最深印象的，不仅仅是欺凌行为本身，还有当被欺负时，周围却没有人站出来说话这一冷漠的现象。

她沉浸在自己的世界中。那个世界里没有欺凌，没有孤立，她也无须体会什么叫人言可畏。可突然被地上玻璃划伤的手却将她拉回了现实，慢慢往外冒的血珠和刺痛的感觉告诉她，她正在遭受大家的孤立和嘲讽。

校园欺凌的受害者往往是被选择的。就像打架的人绝不会去挑选最强壮的人作为目标一样，欺凌者往往也不会选择很厉害的人作为欺凌对象。通常，被欺凌者可能会有以下一些特点：在同学间不受重视，只有很少的朋友或者没有朋友；缺乏与同学相处的人际交往技巧，容易引起同学的不满和反感；有身体障碍、智力障碍；性格内向、害羞怕事，常常沉默不语；行为上有异于他人。

社交能力正常的人可能无法理解被欺凌的人为什么不反抗，为什么不求助于老师、家长或警察。也许这就是为什么校园欺凌选择了他们。

这场闹剧最终以宿管阿姨的到来而结束。

但寝室中的她无法入眠，今天她所遭受的所有不公都如走马灯一般在脑海里闪过，她恨自己怯懦，为什么不敢反抗呢？如果当时能勇敢一点，是不是就会不一样？勇敢一次吧，就一次，她们或许会觉得自己错了呢？或许有一天，这世上真的没有欺凌了呢？

她看着手上那道还未结痂的伤疤想着，想着，最终一刀一刀地划向了自己。

校园欺凌会给学生带来身体上和心灵上的双重创伤，并且容易留下阴影，长期难以平复，甚至有许多被欺凌者患上了 PTSD（创伤后应激综合征）。成年后，年少时被欺凌的情形也难以忘记，在脑海中不断重现，导致性格变得自卑，意志变得消沉，容易引发抑郁。更有甚者，会在受欺凌时会选择自残或伤害他人。

后来，父母来到学校接她回家休养，收拾她寝室东西时，发现一个破旧的本子中她写的一句话：要勇敢地生活下去，用自己的力量和那些人争斗下去，而我，要你们永远活在无尽的自责里。

这就是她自残的动机，是她反抗的方式，然而错了。

📖 寄语家长

1. 告诉孩子面对校园欺凌时，逃避、隐忍解决不了问题，要敢于说"不"

心理学发现人际交往中具有一种"得寸进尺效应"：答应了别人微不足道的要求后，为了保持给人前后印象的一致性，我们很可能还会答应别人更大的要求。

同样，当欺凌者提出了无理的小要求后，被欺凌者如果没有拒绝并采取行动，而是委曲求全地答应了，或者没有反抗，那欺凌者就会得寸进尺，提出更无理的要求，发生更严重的欺凌事件。为了避免这一点，家长要告诉孩子，一旦发生欺凌，要敢于拒绝，敢于对抗，绝不逆来顺受。

当然，也要学会保护自己，如果是身体欺凌，力量悬殊的时候寻找机会先逃离现场，尽可能降低对自己的伤害。

2. 鼓励孩子多交朋友

一个孩子在校园里要想避免被欺凌、被孤立和被针对，最好的方式就是结交朋友，融入集体。欺凌者一般会对没有朋友的人下手，如果你努力融入集体，朋友众多，无论在哪里，你都不是一个人，那么你就不太可能被欺凌者选中。

3. 告诉孩子，如果遭遇了校园欺凌，一定第一时间告诉老师和父母，这是最为重要的一点

根据相关数据统计，校园暴力只有七分之一被注意到，更多的受害者选择了沉默。但是，家长们要知晓，校园欺凌通常具有三个特点：蓄意伤害、力量不平衡、重复发生。最后一点决定了如果受欺凌者选择沉默的话，就还会继续受到欺凌，欺凌是不会停止的。

许多受到欺凌的人害怕把自己受欺凌的事说出去，不敢告诉父母，因为他们害怕会招来更严重的报复。这就大错特错了，隐忍才会招来更多的欺凌。不要害怕采取强硬手段，父母和学校有很多方式来保护你的安全，并惩戒欺凌者。

作为家长，知道信息后即刻把这个事情反映给学校年级责任人，并赶往学校与孩子见面，而不是独自处理这个问题。

校园欺凌事件对学生的身心影响极大，社会舆论也十分关注，所以学校都是会从严处理的。每个学校都有关于处理欺凌事件的规定，向老师、校长反映后，一般都会积极采取相应的措施，或惩罚欺凌者，或就这个事件进行调解处理。如果欺凌失控，则需要联系当地的法律部门。某些欺凌方式是相当危险的，有可能被归于刑事犯罪。

同样重要的还有，告诉孩子如果被人威胁、欺负了，要保留可以获得的证据。无论欺凌者使用言语还是非言语欺凌行为，应尽量保留被欺凌的任何证据，邮件、笔记、网上评论等应该留存下来，以备日后派上用场。

希望校园可以真正成为孩子们学习的净土，希望每一个孩子都拥有健康快乐的成长记忆。

陪孩子走过后青春期，彼此都成为更好的自己

本书写完了，面对这些案例，我最大的感触之一就是：教育理念的落后是家长与孩子形成矛盾的关键原因之一。我罗列了一些到现在仍然被许多家长视为正确的教育理念，家长们不妨看一下，自己中了多少条：

我是他父母，他就该听我的。

我的孩子只要学习好就行了，其他什么也不用干。

你知不知道，为了你的学习，我和你妈付出了多少心血，你学不好就对不起我们！

孩子是第一位的，一切都应该围绕孩子的成长来计划。

不要让孩子输在起跑线上。

找到好工作，能赚很多钱，你就是成功的。

孩子没有社会经验和阅历，所以要按我为他设定的目标、人生规划去发展。

孩子必须听话，听话的才是好孩子，叛逆的孩子是不对的。

孩子应该是全面发展的，音乐、美术、外语、舞蹈、奥数，甚至马术都要学。

孩子必须得到身边人，尤其是老师的喜爱和赞美。

我应该树立起家长的权威，才能顺利教育孩子。

树大自然直，孩子的小毛病，到了一定的年龄自然就好了。

抑郁了？那不就是心情不好嘛，不必理会他，过段时间自己就好了。

多打骂孩子，以后孩子的心理抗压能力才强，对他有好处。

教育是学校老师的事情，我是家长，我去教育孩子那要学校干什么。

别人家的孩子永远比自己的好。

大的必须要让着小的。

与孩子在一起就是陪伴。

所以，家长们一定要学习一些心理学知识，尤其是关于青春期的心理知识，这样就可以改变自己的认知，许多亲子关系之间的矛盾其实就都能避免。而且，要想改善孩子的行为，绝不仅仅是心理咨询就够了的，一定要有家长的行动。

陪孩子走过这段时光，彼此都成长为更好的自己。

最后，一本书，对于市场而言，是商品；对于作者而言，是作品；对于阅读它的读者而言，是用品。然而不管它是什么，它从无到有的过程，总是经历了许多人的努力和付出。感谢本书的编辑孟智纯和叶凯娜老师，感谢为我提供宝贵素材的同学们，感谢华文未来提供的平台。

最后，感谢阅读本书的您。